지방행정체제개편론

이승종 · 서재호

法 文 社

서 문

최근 지방행정구역을 중심으로 지방행정체제개편에 대한 논의와 관심이 높아지고 있다. 특히 정치권을 중심으로 지방행정구역의 대대적 개편을 추진하는 것과 관련하여 관심과 우려가 교차하고 있는 상황이므로 관련 논의에 대한 점검과 평가가 필요한 시점이라 생각된다.

지방행정구역은 지방행정을 담는 기본적 틀로서 매우 중요하다. 현재 많이 거론되고 있는 대안은 지역의 경쟁력 내지는 효율성 담보를 내세우는 구역광역화안이다. 이에는 전국을 60-70개의 통합시로 개편하는 안, 전국을 5-6개의 구역으로 나누어 강소국 연방제를 지향하는 안 등이 포함된다. 보다 점진적인 안으로는 광역시를 도로 환원통합하는 안 등이 제시되고 있다. 각 대안은 나름대로 논거가 있고 장점과 한계를 동시에 갖고 있으며, 따라서 우리는 각 대안이 갖는 장점과 한계에 대한 합리적인 평가를 통해서 가장 바람직한 대안을 선택할 수 있어야 한다.

이러한 선택을 위해서는 기본적으로 지방행정이 지향하는 목표와 이념에 대한 이해가 선행되어야 한다. 지방행정구역도 기본적으로는 지방행정의 이념에 부합해야 하는 것이기 때문이다. 무릇 지방행정의 이념이 민주성, 효율성, 그리고 형평성의 확보를 통한 주민복지의 증진에 있다고 할 때, 우리는 기본적으로 지방행정구역개편에 대한 대안이 어느 한쪽 이념에 편향된 것이어서는 곤란하다는데 대한 인식을 갖게 된다. 또한 지방행정구역은 지방의 자율적·창의적 발전을 위한 도구로서 기능하도록 획정되어야 하며, 자치기반을 훼손해서는 안된다는데 대한 인식도 가져야 한다. 나아가서 지방행정구역은 지방행정의 수행에만 관련되는 것은 아니라는 점에 대한 인식도 필요하다. 지방은 국가와 떨어져 존재하지 않으며 따라서 지방행정구역개편 역시 국정통합성과 지역의 자율적 발전의 균형점에 기여하는 방향에서 평가되어야만 한다. 이와 같이 지방행정구역의 개편에는 복합적으로 고려되어야 할 요소가 많다. 신중한 대안의 마련, 추진, 및 평가가 요청되는 이유이다.

아울러, 지방행정구역 설정에 경도된 지방행정체제개편 논의에 대하여 몇 가지 관련 논제에 대한 관심을 촉구할 필요가 있다. 첫째, 광역지방정부와 기초지방정부간 기능정립에 대한 관심이 필요하다. 현재 광역과 기초지방정부간에는 기능중복에 따른 비효율이 심하여 광역지방정부의 존재의의에 대한 회의론마저 대두되고 있는 실정이다. 그러나 중복의 비효율이 있다고 해서 광역지방정부를 폐지하는 것은 중앙정부와 기초지방정부간의 완충장치를 없앰으로써 지방활력의 근간을 흔들게 되는 문제가 있다. 따라서 광역지방정부를 존치하면서도 광역과 기초간 중층제적 협력의 이점을 확보할 수 있도록 하는 방안이 검토되어야 한다. 기본적으로 광역지방정부는 통합성 확보, 기초지방정부는 구체적 타당성의 확보로 상호 기능적으로 보완되는 것이 바람직하다. 어찌보면 이같은 광역지방정부와 기초지방정부간의 기능조정은 효과적인 지방행정구역의 획정을 위한 선결과제일 수 있다. 광역과 기초지방정부간 기능이 어떻게 분담되어 있느냐에 따라 각 계층의 정부관할구역을 기능수행에 걸맞게 조정할 수 있을 것이기 때문이다. 그러나 현재 거론되고 있는 대개의 지방행정체제개편논의는 광역과 기초정부간 기능의 교통정리에 대해서는 함구하고 있어 문제이다.

둘째, 주민자치의 활성화 기반인 근린지역사회에 대한 관심이 필요하다. 지방자치가 재개된 지 십수년이 지난 아직까지 지방자치에 대한 국민적 시각이 그다지 긍정적이지 못한 것도 상당 부분 근린지역사회에서의 주민자치가 활성화되지 못한 때문으로 판단된다. 그러므로 지방자치가 '정부자치' 가 아니라 주민자치 내지는 체감자치화되기 위해서는 근린지역사회에서의 자치에 대한 정책적 관심이 요구된다. 이를 위해서 광역과 기초의 행정체계 정비와 함께 또는 앞서서 근린지역사회(읍, 면, 동)에서의 행정기능강화, 주민참여체계의 정비, 그리고 양자간의 유기적 연계를 위한 정책설계가 요구된다. 현재는 근린차원에서의 행정기능이 제대로 정립되지 못하고 있으며, 주민참여도 형식적이거나 혼선이 있다.

셋째, 과연 현재의 지방행정구역과 계층이 심각한 문제인지에 대한 근원적 질문에 대한 심각한 고민이 필요하다. 일각에서는 최근 밀어닥친 경제위기상황에서 과연 지방행정체제개편 논의가 필요한 것인가에 대한 회의론이 강하게 제기되고 있다는 점에서도 구역을 포함하여 지방행정체제의 개편노력에 대한 정당화 작업이 좀 더 심도깊게 이루어져야 한다는 것이다. 예컨대, 구역의 광역화를 제안함에 있어서는 구역통합 대신 지역간 협력이나 특정기능에 대한 광역행정청의 설치 등이 대안이 될 수 없는지 등에 대한 숙고가 선결되어야 하는 것이다.

이상의 논점과 관련하여 본서에서는 지방행정체제 개편논의의 배경을 살펴보고, 지방정부의 구역개편 대안을 비판적으로 평가하고 바람직한 구역개편대안을 제시하는 한편, 근린지역사회의 자치체계 구축방안과 광역과 기초지방정부간 기능분담방향에 대한 의견을 제시하였다. 아무쪼록 본서에 담긴 논의가 보다 적실한 지방행정체제개편의 대안의 탐색과 선택에 도움이 되기를 희망한다.

2009. 11.

이승종 · 서재호

목 차

제 1 장 서 론

20세기 후반을 지나면서 현저한 추세로 나타난 세계화와 지방화는 국가는 물론이고 지방으로 하여금 능동적 대응을 요구하는 중요한 환경변화요인이 되었다.[1] 이같은 환경변화에 대응하여 지방정부는 한편으로는 세계화에 따라 날로 격심해지고 있는 국제경쟁에서 생존하기 위한 대외경쟁력을 확보해야 하며, 다른 한편으로는 지방화 시대에 걸맞게 지역주민의 편의와 요구에 대하여 능동적으로 대응할 수 있는 자주역량을 강화해야 하는 과제에 직면하게 되었다. 이는 지방자치에 있어서 효율성과 민주성 강화의 이중적 요청에 다름 아니다. 지방정부는 이같은 이중적 요청에 적절히 대응할 때, 효율성에 기반한 경쟁역량과 민주성에 기반한 민주역량의 조화를 바탕으로 극대화된 역량으로 안정적 발전을 추구할 수 있게 될 것이다. 다시 말하면 지방역량의 강화 없이는 지방자치의 발전은 물론이고 나아가서 국가적 발전도 어렵게 될 것이므로 지방역량 강화를 위한 적절한 정책노력이 필요하다는 것이다.

지방역량의 강화를 위한 노력에는 인적, 물적, 정보자원의 개발과 함께 지방행정의 수행을 위한 기본틀로서의 지방행정체제의 적정화가 핵심적 요소로 포함되는 바, 그 중에서도 최근 지방행정구역과 계층의 합리적 개편이 논의의 초점으로 부각되고 있다. 아쉬운 것은 후술하겠거니

1) 세계화와 지방화는 불가분의 관련이 있다. 세계경쟁에서 살아남기 위한 경쟁력은 지역 고유의 정체성에 기반하기 때문이며, 반대로 고유한 정체성이 있는 지방만이 세계경쟁에서 생존할 수 있기 때문이다(김석태, 2007). 가장 지방적인 것이 가장 세계적이다라는 말은 기본적으로 사실인 것이다. 또한 양자는 기본적으로 반대의 추세이면서도 세계화에 따라 지방화가 강화되고, 지방화에 따라 세계화가 강화되는 연관관계가 있다(이승종, 2006). 양자를 합하여 세방화(glocalization)라 부르기도 한다.

와 현재 진행되고 있는 논의가 다분히 단편적이고, 편향적 또는 정략적 이해관계와 무관하지 않은 성향을 보이고 있다는 것이다. 특히 지방행정구역은 지방행정체제를 구성하는 하나의 요소로서 보다 종합적 시각에서 다루어져야 함에도 불구하고 지방행정계층, 정부간 기능분담, 하부구역(지역사회) 거버넌스 등 다른 요소와 분리하여 별도의 문제로서 다루어지고 있는 점은 문제가 아닐 수 없다. 이러한 인식에 기초하여 본 서는 지방행정구역 개편문제를 지방행정체제의 합리화라는 보다 포괄적 시각에서 접근하고자 한다.

구역개편을 논의함에 있어 우선적으로 염두에 둘 것은 원심력으로서의 세계화와 구심력으로서의 지방화는 상반된 속성상 지방행정구역과 관련하여 두 가지 상반된 요청(imperatives)으로 다가온다는 것이다. 즉, 외적으로는 대외 경쟁력 강화를 위하여 구역의 확장을, 내적으로는 주민의 접근성 제고를 위해서 구역의 축소를 요구하는 것이다. 이같은 모순된 요청은 두 가지 점을 시사해준다.

우선, 구역확대와 축소의 모순된 요청은 지방행정구역의 확대 또는 축소에 한계가 있으며, 어떠한 적정 규모가 있으리라는 점을 제시해준다. 그러므로 우리는 구역의 확대가 좋은가 또는 구역의 축소가 좋은가라는 일방향적 논의에서 벗어나서 효율성과 민주성을 적절히 조화시킬 수 있는 적정한 규모의 구역을 신중하게 탐색함으로써 지방정부로 하여금 규모의 경제에 기반한 경쟁역량과 근린자치에 기반한 민주역량의 조화 위에서 균형적 발전을 기할 수 있도록 여건을 조성할 수 있어야 한다. 이와는 달리 효율과 민주 어느 한 요청에 대한 대응만을 강조해서는 곤란하다. 즉, 효율성만을 강조하여 구역의 확장요청만을 강조하거나, 민주성만을 강조하여 구역의 축소요청에만 대응할 경우, 지방정부로 하여금 과도 또는 과소한 구역크기에 따른 규모의 불경제를 감수하게 할 우려가 크다. 그러므로 지방자치구역의 개편은 기본적으로 양자에 대한 균형적 고려 위에서 접근되어야 하는 것이다.

지적할 것은 위에서 제시한 상반된 요청에 대한 고려는 자치계층에 따라 차별적으로 적용될 수 있다는 점이다. 즉, 주민과의 접근성이 더 강조되어야 할 기초자치구역에 있어서는 효율성보다는 민주성이, 광역적 통합성 또는 대외경쟁력이 더 강조되어야 할 광역자치구역에 있어서는 민주성보다는 효율성의 강화 요청이 더 클 것이다. 그러므로 본 연구에서 광역자치구역의 개편에 대한 논의에 있어서는 기본적으로 민주성 강화보다는 효율성 강화에 일차적 우선순위를 두게 될 것이다. 그러나 우선순위를 경쟁역량에 두더라도 민주역량에 대한 요청이 병존하는 한, 민주성에 대한 논의를 전적으로 배제할 수 있는 것은 아니다. 광역자치구역 개편에 대한 논의라 하더라도 기본적으로는 효율성에 우선순위를 두면서도 효율과 민주 양자에 대한 고려 위에서 진행되어야만 한다.

지금까지 자치구역 개편과 관련하여 다양한 논의가 이루어져 왔다. 이러한 논의에는 전국에 60-70개의 통합시를 두면서 광역자치단체를 없애는 안부터, 전국을 3-4개의 초광역단위로 재편하는 안 등이 포함된다. 이러한 제안들은 나름대로 타당성이 있음에도 불구하고 효율성을 과대하게 강조하는 점에서 한계가 있으며 보다 적실한 대안의 모색이 필요하다. 이에 대하여 본 연구는 적정한 정도의 효율성을 확보하면서도 민주성과 조화될 수 있는 대안으로서 광역시와 도의 통합에 기초한 광역자치구역의 개편방안을 제시면서 기초자치단체의 자율적인 통합안을 제시한다. 이같은 대안은 효율성과 민주성의 양 요청을 적절히 조화시킬 뿐 아니라 다른 대안에 비해 비교적 쉽게 도입할 수 있는 대안이라 생각된다. 나아가서 구역개편 대안을 계층문제와 연관시켜 제시하는 것과 아울러 하부구역(또는 지역사회)에서 주민참여문제와 광역자치단체와 기초자치단체간 기능분담문제도 제시한다. 이들 과제는 지방행정구역의 합리적 개편에 앞서서 또는 같이 고려되어야 하는 중요 정책과제이기 때문이다.

제 2 장 지방행정체제 개편론의 이론적 기초

제1절 지방행정체제의 의의

1. 지방자치와 지방행정체제

일반적으로 지방자치란 "일정한 지역과 주민을 기초로 하는 공공단체가 지역 내의 공공사무를 지역주민 스스로 또는 대표를 통하여 처리하는 과정"으로 이해된다(이승종, 2005: 2; 정세욱, 1995: 22; 김학로, 1994: 24; 한원택, 1995: 140; 최창호, 1995: 45). 또한 지방자치의 성립요건으로는 '지방자치단체, 자치사무, 자주재정, 주민참여, 중앙통제(국가감독)'가 제시되고 있다(한국지방자치학회, 2000).

지방자치의 추진주체는 지방자치단체이다. 지방자치단체란 국가의 영토 가운데 일정한 구역을 그 존립기초로 하여, 주민을 구성원으로, 국법이 인정하는 자치권에 기하여 주민복리에 관한 사무를 자주적으로 처리하는 법인격있는 단체로서, 지방자치단체는 장소적 요소로서의 구역과 인적 요소로서 주민, 법적 요소로서 자치권을 기본적인 구성요소로 포함한다(조창현, 2005: 139; 김영기, 2002: 14-15).

지방자치단체(또는 지방정부)는 지방자치를 수행하는데 있어서 일정한 구역을 토대로 한다. 이 지리적 기반을 지방행정구역(이하 구역과 혼용)이라 하며, 이는 지방자치단체의 존립을 위한 기본적인 요소가 된다. 엄격히는 지방행정구역과 지방자치행정구역이 구분된다. 전자는 구역의 주체가 자율권을 가진 정치적 실체인지 아니면 자치권을 가진 정치적 실체의 보조기관으로서의 행정적 실체인지를 가리지 않고 일정한 행정구역을 의미하는데 비하여, 후자는 자치권을 가진 정치적 실체로서의 지방자치단체의 관할구역을 지칭한다. 단, 여기에서는 주로 자치단체의 행정구역을 논하기 때문에 지방행정구역을 지방자치행정구역과 혼용한다. 여하튼 지방행정구역이 지방행정체제 또는 지방자치행정체제의 핵심적 요소라는 점에서 차이가 없다.

지방행정체제란 무엇인가? 지방행정체제가 무엇인가에 대한 합의된 정의는 없으며, 논자에 따라 의미의 범위가 달라진다. 넓은 의미에서 지방행정체제는 지방행정을 구성하는 제 요소를 포괄하며, 지방정부, 주민, 재원, 기능, 공무원, 사무, 계층과 구역 등을 포함한다. 보다 좁은 의미에서 지방행정체제는 계층과 구역, 그리고 정부간 관계를 지칭하는 용어로 사용하기도 한다. 가장 좁은 의미로는 지방행정체제가 계층과 구역만을 가리키는 것으로 사용된다.

어느 의미에서든 지방자치의 존립기반으로서의 구역은 지방행정체제의 핵심적 요소로서 포함된다. 구역의 중심성을 반영하듯, 조창현은 지방자치론(2005)에서 지방행정체제에 대한 논의를 지방행정구역으로 단일화하여 논의하고 있다. 그러나 이러한 예는 예외적이며, 대부분의 연구들은 자치구역과 자치계층을 지방행정체제의 핵심요소로서 포함한다. 그리고 논자에 따라 추가적으로 정부간관계, 기능분담 등 여러 요소를 지방행정체제의 구성요소로서 제시한다(예, 이달곤, 2005; 이기우, 2008). 이렇게 규정함에 있어서 연구자에 따라서는 자치계층과 자치행정구역에 더하여 행정계층과 행정구역을 모두 포괄하여 다루어야 하는 것으로 강조하기도 하는데(박기춘, 2009; 김영재, 2008), 이러한 연구에서는 지방자치단체의 하부단위인 읍 · 면 · 동 행정기구까지 지방행정체제 논의에 포함하게 된다. 다만, 이같은 연구 역시 지방자치와 지방행정을 엄밀하게 구분하려 한다는 점 외에는 구역과 계층을 지방자치행정체제의 핵심요소로 포함한다는 점에서 다른 연구와 차이가 없다.

생각건대, 정치체제가 사회적 가치를 권위적으로 배분하는 과정(Easton, 1955), 즉 정책을 결정하고 집행하는 과정이라고 할 때, 지방차원의 정치체제인 지방행정체제를 단순히 구역이라거나, 구역과 계층으로 축소하여 규정하는 것은 다소 편협해 보인다. 지방행정체제란 구역과 계층, 그리고 그와 밀접하게 연관되는 관련 요소로서의 정부간관계, 또는 기능배분 등을 포함하여 규정하는 것이 정당해 보인다. 다행히 다수의 학문적 연구뿐만 아니라 지방행정구역 개편과 관련한 실천적 논의들도 지방행정체제라는 용어를 구역이나 계층만을 가리키는 의미로 쓰는 경우는 흔치 않으며, 대체적으로 구역과 계층 외에 정부간관계, 기능분담 등을 포함하는 의미로 규정하고 있다. 예컨대, 허태열 의원이 대표발의한 『지방행정체제 개편에 관한 특별법안(발의연월일: 2009.6.25)』의 경우 지방행정체제의 개념을 '지방자치 및 지방행정의 계층구조, 지방자치단체의 관할구역, 국가 및 지방자치단체간의 기능배분' 으로 제시하고 있다. 또한 박기춘 의원이 대표발의한 『지방행정체제 개편을 위한 특별법안(발의연월일: 2009.6.24)』에서는 지방행정체제를 '국가와 지방자치단체, 지방행정계층과 자치행정계층, 지방행정구역과 자치행정구역 그리고 이들 상호간의 관계를 모두 포괄하는 것' 으로 제시하고 있다. 기능배분이 명시되고 있는가의 차이는 있지만 기본적으로 구역과 계층 그리고 정부간관계를 의미하는 용어로 지방행정체제라는 용어를 사용하고 있음을 알 수 있다.

지적할 것은 개념규정과는 무관하게 실제의 지방행정체제 개편논의가 기본적으로 구역과 계층을 중심으로 이루어지고 있다는 점이다. 그리고 이에 따라 지방행정체제는 구역과 계층만을 의미하는 것으로 축소이해되고 있는 실정이다. 이같은 움직임은 계층과 구역에 국한하여 지방행정체제를 다루고 다른 관련문제는 의도적으로 정책관심에서 제외하려는 때문이거나, 지방행정체제의 다른 요소는 관심대상인 구역과 계층문제와 직접적 연관이 약한 것으로 이해하는 데서 비롯된 것으로 추측된다.

지방행정체제에 대한 개념규정과 실제 논의의 범위간 괴리가 있다는 점을 직시하면서도 현재 지방행정체제개편논의가 기본적으로 구역과 계층을 중심으로 진행되고 있는 상황을 감안하여 본 서도 일단 구역과 계층을 중심으로 지방행정체제개편 문제를 논의할 것이다. 그러면서도 지방행정체제를 보다 넓은 의미로 파악하는 입장에서, 또한 구역과 계층의 문제를 고립된 문제로 다루기보다는 다른 요소와 연관하여 다루는 것이 타당하다는 입장에서 정부간 기능분담과 하부구역에서의 거버넌스 문제를 추가하여 다룬다.

2. 지방행정의 구조: 계층과 구역

1) 지방자치계층

조직에서 계층(Hierarchy)이란 조직구조의 모습을 설명하는 개념으로, 업무, 권한 등을 기준으로 다른 수준의 업무와 권한을 가진 층과 구분된 수직적 차원의 단위를 말한다. 조직이론에서는 각 계층간에 권한과 책임을 배분하고 명령복종과 지휘감독 체계를 확립하여 조직구조를 설명하고 계층을 설계한다. 조직의 계층은 업무의 성격, 통솔의 범위, 업무의 곤란성과 책임성을 기준으로 구분되고 여러 수준의 계층으로 구조화된다(정일섭, 2007).

지방자치단체의 계층은 국가라는 전체 조직구조에서 지방자치단체간에 업무의 성격, 통솔의 범위, 권한과 책임이 구분되는 하나의 단계로 지방자치단체의 구조를 설명하는 개념이다. 지방자치단체가 여러 계층으로 이루어졌다는 것은 업무성격과 지위가 다른 여러개의 계층으로 지방자치단체들이 구조화되어 있음을 의미한다. 한편, 국가를 하나의 단위조직으로 상정할 때 지방자치단체는 중앙정부와 계층으로 구분된다. 이 경우 지방자치단체를 국가의 하위 행정계층으로 이해하게 되며, 지방자치단체의 계층을 지방자치단체와 중앙정부간의 연결구조로 보기도 한다(정일섭, 2007: 142).

일반적인 조직에서는 동일한 목적을 수행하기 위하여 명령통일의 원리, 명령계통의 원리 등을 내용으로 하는 계층제적 원리를 통하여 여러가지 계층이 수직적 권한의 크기에 따라 구조화된다. 그러나 우리나라는 지방자치법에 따라 지방자치단체가 국가와 구분되는 별도의 독립된 법인격을 가지고 있기 때문에 지방행정체제에서 자치계층은 명령통일, 지휘감독을 받는 일반적인 조직의 계층제와 달리 지방행정에 대한 민주적 통제와 주민참여의 용이 및 공공서비스의 성격에 따른 합리적 공급을 기준으로 하는 '행정사무' 를 중심으로 구분된다(김병국, 외, 1998). 지방행정체제에서 계층은 자치계층과 행정(관리)계층으로 구분되기도 하는데, 자치계층은 각 계층별로 자치권이 부여된 자치단체간의 계층인데 비해 행정계층은 수직적 지휘와 감독의 관계를 갖는 행정 관리상의 계층을 의미한다.[1)]

한편, 자치계층의 유형은 크게 단일계층제(one-tier system)와 다계층제(multi-tier system), 혼합계층제(mixed-tier system)로 구분된다(강용기, 2008; 정일섭, 2007). 단일계층제는 자치단체의 관할구역 내에 하나의 지방자치단체만 존재하는 경우를 말하는 것으로, 이 경우 지방자치단체

1) 대개의 경우 우리나라는 2단계 자치계층 구조를 가지지만, 3-4단계의 행정계층구조를 가져 자치계층과 행정계층 구조간 불일치가 문제라는 지적이 있다. 그러나 이러한 자치계층과 행정계층이 반드시 일치해야 하는지는 의문이다.

의 계층은 국가와 지방자치단체의 관계로 일원화 된다. 다계층제는 관할 구역 안에 다른 지방자치단체가 존재하는 것으로 지방 업무의 복잡성, 책임성, 곤란성, 광역성, 주민의 욕구 등에 따라 지방자치단체의 계층을 구분하여 설치하게 된다. 대부분의 국가에서는 다층제를 채택하는데 대체로 광역-기초의 2계층제를 유지하고 있지만 나라에 따라서는 광역-중간-기초(혹은 광역-기초-준자치)의 3계층제를 유지하기도 한다. 혼합계층제는 지역의 자연적여건 및 사회경제적 여건에 따라 단일계층제와 다계층제 등을 동시에 적용시키는 것이다. 우리나라의 경우 2006년 이전까지 2계층의 다계층제를 유지하다가 2006년 단일계층의 제주특별자치도 설치로 인하여 다계층제를 근간으로 하면서 혼합계층제를 가미하고 있다.

2) 지방행정구역

지방자치단체의 구역은 지방자치가 실시되고 있는 나라에서 하나의 지방자치단체의 자치권이 미치는 지역적 범위를 말한다(조창현, 2005). 일반적으로 중앙집권체제에서 지방의 행정구역은 지방자치단체의 자치구역과 개념적으로 구별되지만 대개의 경우 현실적으로 지방행정구역은 지방자치단체의 자치권이 미치는 구역과 일치한다. 특히 우리나라의 경우 중앙집권적인 단체자치의 전통 위에서 지방정부가 성립되고 구역이 획정되었고, 종래 중앙집권체제에서의 지방행정구역이 지방자치단체의 행정구역으로 전환되었기 때문에 행정구역과 자치구역이 일치하고 있다. 지방자치의 구역은 지방자치단체의 존립 기초로 지방자치단체의 장소적 구성요소이다(조창현, 2005: 139; 강용기, 2008: 142). 따라서 자치구역이 없는 지방자치단체는 존재할 수 없다.

지방자치단체의 구역은 주민의 지리적 거주공간으로, 지방자치단체

〈표 2-1〉 지방행정구조의 개념 범주

	유형	초점	실재
지방자치 행정차원	자치계층	법인격 있는 지방자치단체의 수준	광역자치단체/기초자치단체 (2계층)
	자치행정구역	지방자치단체의 자치권 행사영역	특별시 · 광역시 · 도/시 · 군 · 구의 자치구역
지방행정 관리차원	행정계층	전체 지방행정기관 수준	특별시 · 광역시 · 도/시 · 군 · 구/(행정구 · 행정시)/읍 · 면 · 동 (3-4계층)
	행정구역	지방행정기관의 행정관할 영역	특별시 · 광역시 · 도/시 · 군 · 구/행정구 · 행정시/읍 · 면 · 동의 관할구역

자치권이 미치는 범위이다. 따라서 국가와 지방사무를 처리하는 행정적 단위공간으로서 성격을 가지며, 지방자치단체의 법적 지배 공간의 성격을 가진다. 자치단체에 거주하는 주민들에게 관할구역은 심리적 안정감과 일체감을 주는 사회심리적 집단화의 공간으로, 공동체 의식 형성의 준거가 된다. 또한 지방자치단체 관할구역은 특정한 장소적 준거를 가진 지역주민이 지속적으로 관계를 맺으며 공동체 생활을 영위하면서 자연적으로 형성된 역사적 산물이기 때문에 구역변경은 주민들의 생활과 정서와 밀접한 관련이 있다.

3. 지방행정의 기능: 사무배분

일반적으로 체제는 구조와 기능으로 이루어진다고 할 때, 지방행정체제의 구조에 해당되는 것이 계층과 구역이라면, 기능에 해당되는 것은 사무배분이다. 지방행정체제가 계층과 구역으로 구조화될 때 구조에 적합한 기능이 적절히 배분되지 않을 경우 그 구조는 비효율을 낳는다. 따라서 지방행정체제에서 지방행정의 기능은 체제의 구조적 효과성과 효율성을 담보해 주는 수단이다.

엄밀한 의미에서는 사무와 기능이 개념적으로 구분된다(최창호, 1995). 사무는 '처리될 것이 요청되는 일정한 공공사항(처리대상)' 을 의미하고, 기능은 그러한 '공공사항을 처리하는 권리와 책임(처리의 권능)' 을 의미하기 때문이다.[2] 그러나 통상적으로 양자는 동전의 양면과 같이 하나의 현상을 의미하는 것으로 파악될 수 있다. 즉, 중앙정부와 각급 자치단체간 사무의 배분은 현상적으로는 사무를 배분하는 것이지만, 실질적으로는 사무배분을 통하여 각 계층간 권리와 책임을 배분하는 것이다.

중앙-지방, 광역-기초의 행정계층간 사무배분은 지방행정의 민주성 제고와 효율성 제고라는 목적을 달성하기 위해서 이루어진다(금창호 등, 2008: 28-29; 김재훈, 1998). 우선, 보다 일선인 지방정부에 행정기능이 배분됨으로써 지방행정이 서비스를 제공받는 지역주민들의 의사에 따라 이루어질 가능성을 높여주어 행정의 민주성 달성에 기여한다. 기능의 수행주체로 행정서비스 공급주체가 주민에게 가까이 위치할수록 주민에 의한 통제가 용이하고, 행정서비스 제공과정에서 주민의 의사가 반영되기 쉽기 때문이다. 효율성 제고의 측면에서도 지역마다 격차가 있는 모든 행정사무를 중앙정부가 공급하는 것은 낭비와 지역간 불균형을 초래하므로 지역의 특성을 가장 잘 알 수 있는 지방자치단체가 서비스의 공급결정 및 집행의 주체가 되는 것이 행정의 효율성을 제고할 수 있는 방법이다. 그러나 행정의 민주성과 효율성 제고 이외에 국가차원의 행정 통일성과 국가의 정책목적을 달성하기 위해서도 기능배분이 이루어지게 된다. 실제 지방정부가 입법 · 행정 · 사법권을 보유하고 있는 연방제 국

2) 엄밀하게는 지방행정체제의 의미에서 기능적 측면은 사무와 재정, 책임과 감독 등의 차원에 대한 논의를 포함해야 한다. 사무는 대상적인 측면에 불과하기 때문에 사무가 행정체제상에 어떻게 배분되어 있든 재정과 감독 등의 권한이 사무배분과 달리 이루어져 있다면 그 사무의 배분은 기능배분에 이르지 못하기 때문이다. 다만, 현재까지 대부분의 지방행정의 기능에 대한 변화논의가 사무의 개편에 대한 논의를 중심으로 이루어진다는 점에서 본서에서도 지방행정의 기능을 사무배분을 중심으로 논의하는 것이다.

가에서도 국가차원의 통일적인 업무수행과 정책목적을 달성하기 위하여 다양한 사무를 국가가 직접 수행하는 경우가 많다. 그렇지 않으면 지방정부간 혼란이 초래되거나, 이른바 공공부문에서 지역의 이해를 극대화하고자 하는 지방자치단체간의 경쟁과 합리적 선택에서 기인한 공유재의 비극이 발생할 가능성이 높기 때문이다.

공공부문에 존재하는 사무는 크게 국가사무와 지방사무로 구분된다. 국가사무는 중앙정부가 중심이 되어 처리하는 사무이고, 지방사무는 지방자치단체가 중심이 되어 처리하는 사무이다(강용기, 2008: 251). 지방행정체제의 기능적인 측면에서 논의하는 사무배분은 주로 지방사무를 대상으로 하지만, 중앙정부–광역자치단체–기초자치단체라는 지방행정의 구조를 고려하면 지방행정체제에서의 사무배분은 중앙정부의 사무에 대한 논의를 포함한다. 한편, 지방자치단체가 수행하는 사무의 종류는 주체를 기준으로 광역자치단체의 사무와 기초자치단체의 사무로 구분되고, 성질별로 지방자치단체의 고유사무와 단체위임사무, 기관위임사무로 구분된다.

기초자치단체는 지역주민의 일상생활과 가장 가까이 접해 있기 때문에 주민의 일상적 생활 및 생산활동과 관련된 직접적인 서비스를 제공하는 것을 기본적인 기능으로 하는데 비해, 광역자치단체는 기초자치단체의 구역을 넘어서는 광역행정기능, 기초자치단체의 능력으로써 처리하기 곤란한 사무, 중앙정부와 기초자치단체간 의사소통을 원활히 하고 지방자치단체간 행정적 · 재정적 불균형을 시정하는 조정기능을 수행한다(최창호, 1995).

자치사무(고유사무)는 자치단체의 존립 목적에 속하는 공공사무를 말하는 것으로, 지방자치단체의 재정 부담으로 이루어지는 사무이며, 지방의회가 관여하는 사무이다. 자치사무는 지방자치법 제9조에 열거되어 있다(제9조 1항 전단, 제2항 열거사무). 단체위임사무는 법령에 의해 국가 또는 상급 지방자치단체로부터 해당 지방자치단체에 처리가 위임되어 있는 사무를 말한다(지방자치법 제9조1항 후단, 제2항 단서). 기관위임사무는 국가 또는 상급자치단체가 법령 등에 의해 집행기관(지방자치단체 장)에게 그 처리를 위임한 사무를 말한다. 기관위임사무는 업무 수행 주체가 자치단체장 이기 때문에 지방의회는 필요경비에 대한 사항을 제외하고는 원칙적으로 그 사무에 간여할 수 없다(강용기, 2008: 258). 단체위임사무와 기관위임사무의 구분은 통상적으로 법령에 '지방자치단체가 행하는'

〈표 2-2〉 지방자치단체의 사무유형별 비교

사무유형	국가사무	지방사무		
		자치사무(고유사무)	단체위임사무	기관위임사무
법령기준	개별법	지방자치법 제9조 제1항 전단, 제2항	지방자치법 제9조 제1항 후단	지방자치법 제102조, 제103조
사무의 성질	국가적 사무	*지방자치단체의 권한과 책임 하에 이루어지는 사무 (지방의 고유사무)	*법령에 개별적위임에 의해 지방자치단체에 위임된 사무 *국가적 이해와 지방적 이해가 동시에 걸린 사무	*법령의 규정에 의해 지방자치단체 장에 처리를 위임한 사무 *지방적 이해가 없고 전국적 통일이 필요한 사무
사무예시	외교, 국방, 금융, 국가기획	*가로등 설치관리 *상 · 하수도 사업 *주민복지 *지역경제 활성화	*예방접종(전염병예방법 제11조) *보건소 설치운영 (지역보건법 제2조)	*가족관계등록 *주민등록사무 *선거관련사무
형식	법령	조례 · 규칙	조례	규칙
지방의회 관여	관여 불가	지방의회 관여	지방의회 통제대상	통제대상의 원칙적 배제
경비부담	국가 전액	자체재원	일부 또는 전부 국고보조	전액 국비부담
감독		최소한의 국가 감독	제한된 범위 내의 감독	강력한 국가 감독

자료: 강용기, 2008: 260; 안용식 등, 2007: 413을 종합

또는 '시 · 도(시 · 군 · 자치구)가 행하는' 이라고 규정할 때에는 단체위임사무라고 할 수 있으며, '자치단체의 장이 행하는' 혹은 '시 · 도지사(시장 군수 구청장)가 행하는' 이라고 규정할 때에는 기관위임사무라고 할 수 있다(안용식 등, 2007: 416).[3] 〈표 2-2〉에는 지방자치단체의 사무유형별 특징이 제시되어 있다.

제2절 지방행정체제 개편의 의미

지방행정체제 개편은 지방행정의 구조와 기능상 변화를 의미하는 것으로, 지방자치의 구조 변화는 지방자치계층의 개편과 지방행정구역의 개편으로, 기능의 변화는 중앙행정권한의 지방이양 및 사무재배분을 통하여 이루어진다.

1. 지방행정구조의 개편

1) 지방자치계층의 개편

지방자치계층의 개편은 단층제, 다층제, 혼합계층제간의 변화를 초래한다. 자치계층의 개편은 크게 두 가지 차원의 접근이 가능하다. 첫째는 '개별 지방자치단체의 계층을 변경' 한다는 차원에서 이루어지는 것이다.

3) 다만, 이러한 형식적인 구분이 절대적인 것은 아니다. 위임사무의 종류를 구분하기 위해서는 〈표 2-2〉에 제시되어 있는 내용을 종합적으로 고려하고 판단해야 한다.

예컨대 하나의 광역자치단체 관할구역을 세분화하여 그 광역자치단체는 폐지하고 기초자치단체인 '시 · 군 · 자치구'로 개편하거나, 기초자치단체인 '시 · 군 · 자치구'를 통합하여 광역자치단체인 '특별시, 광역시, 도, 특별자치도'를 신설하는 것이 이에 해당된다. 둘째는 '자치계층 제도 자체에 대한 개편'으로, 현재 지방자치법이 규정하고 있는 자치단체의 사무배분 기준을 하나로 통합하여 단층으로 두고 지방자치단체의 종류를 단층의 사무배분에 맞게 단일화하는 것, 또는 현재의 광역-기초에 더하여 새로운 자치계층을 추가하여 계층 자체의 수를 증가시키는 것이다. 이는 자치계층에 대한 보다 근본적이고 제도적인 변화라고 할 수 있다.

자치계층은 법률적 용어가 아니기 때문에 지방자치법은 자치계층의 변경에 대한 명문의 규정을 두고 있지는 않다. 다만, 제4조의 지방자치단체 구역 조항에 의하여 첫 번째 의미의 자치계층 변경을 초래하는 지방자치단체의 분합, 신설, 폐치를 다음에 살펴 볼 지방자치단체 구역의 변경으로 규정하고 있다.[4] 한편, 두 번째 의미의 자치계층 개편은 자치제도 자체의 변화를 의미하기 때문에 특별히 법에 규정하지 아니하고 있으며 이는 지방자치법의 전면개정을 통하여 가능하다.[5]

2) 지방행정구역의 개편

지방자치단체의 구역변경은 단순히 물리적인 경계의 조정만을 의미하는 것이 아니다. 지방자치단체의 구역 변경은 고도의 정치적 · 사회경제적 지형의 변화를 초래하기 때문에, 지방자치단체의 행정구역 변경은 특

4) 지방자치법 제4조 제1항.

5) 자치단체의 종류로 표현되는 자치계층 구조는 지방자치제도의 근간을 이루기 때문에 이러한 의미의 자치계층의 개편은 지방자치제도의 본질적 의미와 관련되기 때문에 헌법적 차원에서 지방자치단체의 종류를 규정하여 입법자의 입법권 남용으로부터 지방자치제도를 보호하자는 의견도 있다(이기우, 2007: 60; 김성호 외, 2009).

정한 공간을 준거로 경제 및 사회생활을 영위하는 사회정치적 세력의 이해관계를 조정하고 반영하는 것으로 이해된다(Kingdon, 1991: 68; 안용식 등, 2007: 100-101 재인용).

지방자치법이 정하고 있는 지방자치단체 관할구역 개편은 두 가지로 구분된다. 첫째, 구역의 경계변경이다. 지방자치단체 관할구역의 경계변경은 두 개 이상의 법인격을 가진 지방자치단체가 법인격은 유지하되 자치권이 미치는 관할구역을 서로간에 조정하는 것을 말하며, 관할구역의 경계변경이 이루어진 이후에도 법인격을 가진 지방자치단체의 수는 변하지 않는다. 둘째는 지방자치단체의 폐치, 분할, 통합으로, 자치계층상의 변화를 수반하는 구역개편이다. 지방자치단체의 폐치는 독립된 법인격을 가진 상위나 하위의 자치단체를 소멸시키는 것이고, 분할은 하나의 법인격을 가진 자치단체의 구역을 나누어 두 개 이상의 독립된 법인격을 가진 자치단체로 분화하는 것이다. 통합은 두 개 이상의 독립된 법인격을 가진 자치단체를 하나의 법인격을 가진 자치단체로 합하는 것이다. 두가지 유형의 개편과정에서는 모두 지방의회의 의견을 듣거나 주민투표를 통하여 주민의 의견을 구하도록 되어 있다. 그러나 지방자치단체 경계변경의 경우 대통령령으로 하도록 되어 있는데 비해, 자치단체의 폐치, 분할, 통합의 경우에는 반드시 법률로 하도록 되어 있다(지방자치법 제4조 제1항).

3) 지방행정구조 개편의 범위

지방행정체제 개편에 대한 기존 논의에서 지방행정체제의 개편, 행정구역 개편, 지방행정계층개혁 등 다양한 용어들이 혼재되어 사용되고 있다. 그 결과 각 주장이 지방자치 혹은 지방행정이라는 현상 혹은 제도의 어떠한 점을 주로 논의하고 있는지에 대해 불분명한 점이 있었고,[6] 각 주장을 하나의 틀 또는 기준으로 비교하는 것이 적합하지 않은 경우도 발생하였다. 그러나 선행연구들을 보면 지방행정체제 개편에 대한 논의이든, 행정구역개편에 대한 논의이든 모두 자치계층과 자치구역의 범위 안에서 논의되고 있다(김영재, 2008).

생각건대 지방행정체제는 지방자치단체의 자치계층과 자치구역을 의미하며, 지방행정체제의 개편의 개념범위는 지방자치(행정) 계층의 개편과 지방자치(행정) 구역의 개편을 의미한다. 이를 고려하여 지방행정체제 개편의 구조적 측면을 종합적으로 도식화하면 다음 [그림 2-1]과 같은 개념구조로 정리된다. 이렇게 지방행정체제의 개념을 구분하고 범위를 정하는 실익은 어디에 있는가? 이는 지방행정체제 개편이라는 이름으로 다양한 관점에서 제기되는 대안들이 주장하는 행정체제 개편이 지방행정체제 개편이라는 다양한 개념 범위 중 어디에 해당되는지를 상호 확인하고 각각의 개념을 지도하는 원리와 개편기준을 서로 확인하여 관련된 논의를 미래지향적으로 진전시키는 데 기여하기 때문이다. 예컨대, 지방자치의 계층을 조정하는 것은 지방자치의 본질이라고 할 수 있는 민주성과 주민참여를 중심으로 하되 지방자치단체 운영상 효율성을 부수적 가치로 고려하면서 논의해야 한다. 그러나 지방행정관리체제의 개편에 대한 논의에 있어서는 효율성의 논리를 더 고려하여 논의하는 것이 적합할 것이다.

한편, 그림에서 제시하고 있는 개념구조는 지방자치행정체제뿐 아니라 지방행정관리체제의 개편에 대한 논의를 개념범주에 포함하고 있으면서 양자를 구분하고 있다. 지방자치법은 법인격이 있는 지방자치단체

---

6) 지방행정체제 개편을 둘러싼 기존의 연구결과를 분석해 보면 대부분의 연구가 '지방행정체제개편에 대한 연구(강기홍, 2008; 곽상욱, 2009, 김해룡, 2002; 심익섭, 2006 외 다수)'와 '지방행정구역개편에 대한 연구(박종관, 1999; 김성호, 2006; 방승주, 2009; 심익섭, 2006 외 다수)'로 모아지고, 부분적으로 '행정계층조정에 대한 연구(한국행정연구원, 1999; 강영훈, 2004)' 결과가 보고되고 있다.

[그림 2-1] 지방행정체제 개편의 개념구조

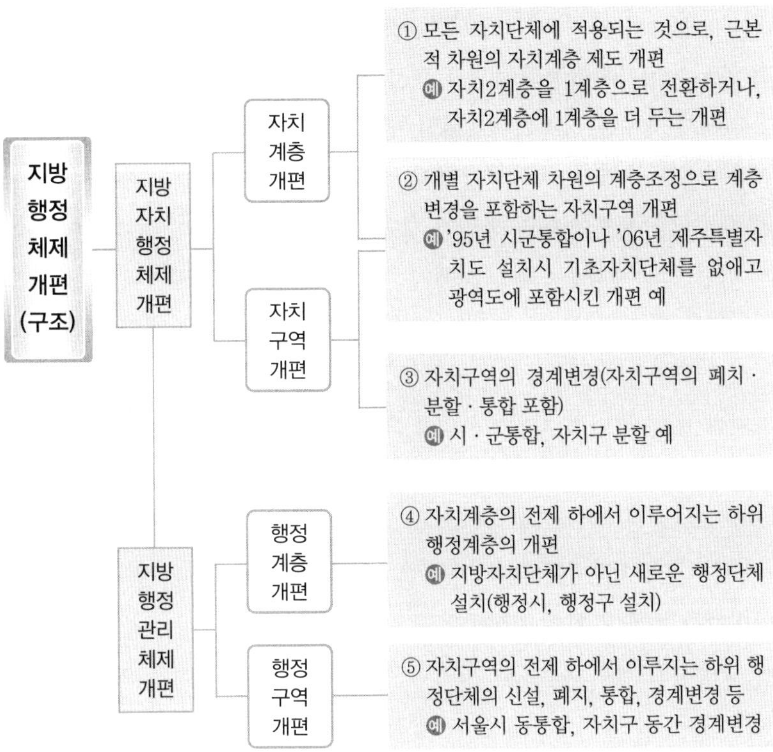

와 그렇지 않은 지방자치단체를 구분하고 있다. 넓은 의미에서 보면 지방자치단체의 법인격 유무에 상관없이 일정한 관할구역을 기반으로 설치되어 있는 지방자치단체는 모두 지방행정체제의 개념구조에 포함된다. 다만, 행정계층인 일반구(시), 읍 · 면 · 동은 자치계층인 시 · 군 · 자치구의 관할하에 있고, 지방자치단체가 아닌 지방행정기관의 계층변경에 대한 권한이 시 · 군 · 자치구에 있기 때문에 지방행정관리체제의 개편은 지방자치행정체제 개편 논의에서 부수적으로 다루어진다. 이에 따라 본서에서도 법인격 있는 지방자치단체를 중심으로 논의되는 지방행정체제와 법인격 없는 지방자치단체를 포함한 지방행정관리체제를 구분하고 있기는 하지만, 법인격 있는 지방자치단체를 중심으로 하는 지방행정체제에 대한 개편을 중심으로 논의하되 필요한 부분에 있어서만 법인격 없는 지방자치단체의 개편 논의를 가미하였다.

위에서 제시한 지방행정체제의 개념과 개편범위를 전제로 하면 각 개편유형별로 논의의 수준이 달라져야 함을 확인할 수 있다. 우선, 유형①의 자치계층 제도에 대한 전면적 개편의 경우 개별 자치단체 수준의 논의가 아닌 지방자치계층제도 자체에 대한 개편을 의미한다. 이 경우 각각 법인격을 가지는 250개 지방자치단체의 자치권 행사 주체의 변화를 노정하게 되기 때문에, 이러한 자치계층 제도자체의 개편을 위해서는 지방자치법 또는 헌법적 차원에서의 논의가 필요하다. 지방자치단체의 수의 증감 혹은 광역 · 기초정부간 개편은 참여와 직접민주주의를 매개하는 지방정부의 법적 지위에 영향을 주게 되고, 이는 결국 헌법이 보호하고자 하는 지방자치제도에까지 영향을 미치기 때문이다.[7] 유형②의 자치구역개편을 통한 자치계층조정의 경우, 개별지방자치단체 수준 혹은 2-3개 지방자치단체 수준에서 지역주민의 의사에 기반하여 논의가 이루어지게 된다. 이 경우 일반법인 「지방자치법」의 특별법을 제정하고 이를 추진하는 방식으로 개편을 단행하게 된다. 우리나라에서 1995년부터 1998년까지 진행되었던 도농통합시의 도입과 2006년에 새로운 형태의 광역자치단체로 출범한 제주특별자치도의 추진방식이 이에 해당된다고 하겠다. 유형③의 경우 개별자치단체의 행정구역 경계조정을 의미하는 것으로, 이 경우 지방자치법이 정하는 바에 따라 관련된 지방자치단체간에 구역조정의 의사합치가 이루어지는 방식으로 구역개편이 이루어진다.

7) 지방자치법과 주민투표법의 경우 폐치, 분할, 통합 및 구역조정 등 개별지방자치단체의 구역개편 과정에서 주민투표를 하도록 규정하고 있는바 이러한 규정은 바로 지방정부의 지위 변동이 지방자치와 관련하여 본질적인 부분임을 간접적으로 시인하는 것으로, 개별 지방자치단체가 아니라 전국적 차원에서 지방자치계층을 조정하는 것은 모든 국민에 영향을 주는 것이므로 개별법률 차원에서의 논의가 이루어져서는 아니되고 결국 헌법적 차원에서 논의와 합의를 필요로 하는 사항이라고 하겠다.

2. 지방행정기능의 개편

지방행정기능의 개편은 '행정권한의 지방이양'을 위하여 1999년에 제정된 '중앙행정권한의 지방이양 촉진 등에 관한 법률(현재 지방분권 촉진에 관한 특별법, 2008년 2월 9일 개정)' 등을 통하여 제도적으로 추진되고 있었다. 이후 2008년 2월 9일 법을 전부 개정한 '지방분권 촉진에 관한 특별법'이 제정되어 지방이양을 지속적으로 추진하고 있다. 새로이 개정된 특별법은 2013년 5월 31일을 기한으로 하는 한시법으로 그 효력의 발생기간이 제한되어 있다.

법이 규정하고 있는 지방행정기능의 개편은 두가지 방향으로 추진된다. 첫째는 중앙행정권한(국가사무)의 지방이양이고, 둘째는 지방자치단체간 사무배분(재조정)이다. 국가사무의 지방이양의 경우 법 제2조 1호에서 '중앙행정기관이 법령에 규정된 자기의 권한을 지방자치단체에 이양함으로써 중앙행정기관의 권한에 속하는 사무를 지방자치단체의 사무로 하고 지방자치단체로 하여금 자기의 권한과 책임 아래 그 사무를 처리하도록 하는 것'을 말한다. 지방자치단체간 사무배분은 특별시 · 광역시 · 도와 시 · 군 · 지방자치단체인 자치구 간에 사무를 배분하는 것을 말한다.

지방이양의 추진절차는 과거 '중앙행정권한의 지방이양 촉진 등에 관한 법률'에 의할 때 이양대상사무의 발굴 및 선정, 대상사무의 심의, 확정사무의 사후관리라는 3단계로 구성된다(이성근, 2005). 이에 따르면 지방이양추진위원회(현재 지방분권추진기구)는 매 2년마다 지방이양기본계획을 수립하고, 매년 말 사무조사지침을 중앙행정기관과 지방자치단체의 장에게 통보하면 이 지침에 따라 발굴 결과를 위원회에 제출하여 위원회는 조사된 사무와 자체 발굴한 사무에 대해 심의 대상을 선정한다. 그 다음 관계공무원, 이해관계자, 참고인을 출석시킨 상태에서 심의를 하고, 사후관리로서 심의 · 의결된 사항을 적절히 수행하고 있는지를 점검하고 이행실적이 미흡하다고 판단될 경우 관련 중앙행정기관의 장에게 그 이행을 촉구하거나 시정조치를 권고하게 되어 있다.

제3절 지방행정체제 개편의 이론과 기준

1. 자치계층의 설정원리와 계층제별 장단점

1) 자치계층의 설정원리

자치계층은 지방자치단체의 계층화된 정도를 의미하기 때문에, 자치계층을 추가하거나 제거하게 되면 자치계층의 수준이 변화하게 된다. 자치계층을 축소하거나 신설하는 데 적용되는 것으로 동질성 원리, 민주성 원리, 능률성의 원리가 있다(강용기, 2008: 171-172).

우선, 동질성의 원리는 다계층을 단일화하거나 단일 계층을 다계층화할 경우 자치구역 내의 자연지리적 · 인문지리적 동질성이 유지되어야 한다는 원칙을 말한다. 둘째, 민주성의 원리는 계층의 재편을 통하여 계층을 줄일 경우 상위 권력에 권한을 집중시키는 효과를 초래하고, 증가시킬 경우 권력의 다단계화 혹은 다층분산의 결과를 가져오기 때문에 계층 개편시 분권과 참여의 풀뿌리 민주주의 정신을 해하지 않는 범위 내에서 이루어져야 한다는 원칙이다. 셋째, 능률성의 원리는 계층조정이 행정의 능률성을 확보하도록 이루어져야 한다는 원칙이다. 이 원칙에 의하게 되면 자치단체간 업무 계층의 필요성, 즉 광역업무의 필요성 여부에 대한 검토를 하고, 필요하다면 상위 계층은 광역화된 영역과 권한을 가지고 조정 및 기획, 광역자원의 개발을 담당토록 하고, 하위계층은 일상적인 삶의 영역에서의 행정서비스를 제공하게 된다. 이에 따라 행정계층도 광역기능을 수행하기 위한 광역수준의 자치단체가 필요하고, 생활의 행정서비스를 제공하기 위한 기초자치단체가 필요하여 다계층의 자치계층이 설치되어야 하는 것이다.

2) 계층 형태별 장단점

규범적인 차원에서 다층제가 가지고 있는 장점은 다음과 같다(심익섭, 2005b). 첫째, 다층제는 역사적 발전과정에 부응하여 주민의 감정에 충실한 제도이다. 둘째, 공공사무의 수직분업적 수행 및 획일적 업무분담에 유리하다. 셋째, 중앙과 기초 사이에 중간단계가 있어 국가 전체적으로 볼 때 체계적인 지휘 통솔에 유리하다. 넷째, 기초자치단체의 기능수행이 취약할 경우 광역자치단체의 보완이 가능하다는 점이다. 이같은 다층제의 장점은 바로 단층제가 제공하지 못하는 점이다.

단층제가 가진 장점은 다음과 같다. 첫째, 중복행정과 중복지휘 · 감독의 폐단방지로 신속한 행정의 도모가 가능하다. 둘째, 행정수행상 낭비제거로 행정능률성이 제고된다. 셋째, 공공사무의 획일적인 처리 방지로 지역적 특성을 살리는 데 유리하다. 넷째, 행정책임의 명확화와 주민의사 왜곡 및 누수가 작아 주민의견의 정확한 반영에 유리하다. 단층제의 장점 또한 다층제가 제공하지 못하는 점이다.

최근에는 우리나라의 2계층제가 저비용 · 고효율을 초래하기 때문에 단층제의 지방행정체제로 개편해야 한다는 주장이 있다(심익섭, 2005a). 계층축소론은 위에서 제시한 2계층제의 단점을 그대로 우리나라에 적용하여 한국의 자치계층이 대단히 복잡하여 중첩에 따른 비효율이 야기되고 있고, 중앙정부와 주민간의 의사전달에 왜곡이 생길 수 있으며, 행정의 책임성확보가 곤란하고 책임회피의 문제가 있다는 점 등을 지적하고 있다(심익섭, 2005a; 이기우 외, 2009 재인용). 그러나 위에서 제시하고 있는 다층제와 단층제의 장단점은 지극히 상대적인 것이다. 왜냐하면 단층제와 다층제의 장단점의 경우 제도 자체에서 기인하는 것이라기보다는 구현방식의 문제와 운영상의 문제에서 기인하는 것이기 때문이다. 따라서 자치계층 개편은 신중한 접근이 필요하다.

2. 행정구역의 통합론과 분절론[8)]

행정구역개편을 둘러싸고 이념적 · 규범적으로 통합을 옹호하는 입장(통합론)과 반대하는 입장(분절론)이 대립한다(Gustley, 1977).[9)] 이러한 이념적 · 이론적 수준의 논의는 거시적 차원의 논의로 구체적인 행정구역 개편의 세부기준을 선택하는 선택지침으로 활용되기도 한다.

1) 통합론(consolidationists)

행정구역은 통합하는 것이 바람직하다고 보는 입장으로서 분절화된 정부는 지방정부간의 원활한 협력의 확보, 지방정부간 편차의 조정이 곤란하며, 과소한 지방정부의 공공서비스 제공능력의 제한으로 주민복지의 제약이 생길 것으로 본다. 대신, 통합적 구역은 분절화된 구역에 비하

8) 이 절의 내용은 이승종(2008)의 논문을 활용하여 작성하였다.
9) Boyne(1992)은 분절(fragmentation)과 통합(consolidation)을 분산(deconcentration)과 집중(concetration)과 구분한다. 전자는 행정구역에 관한 것이고, 후자는 기능과 재원의 분담에 관한 것으로서 구분된다는 것이다. 이같은 구분은 일응 유용한 구분이라 할 수 있으나 분절화는 당연히 기능과 재원의 분산과 연결되므로 구분의 실익이 크지 않다고 본다.

여 규모에 경제에 따른 효율성의 확보, 관할구역간 형평성 확보, 보다 다양한 서비스의 제공, 광역행정의 통합성 확보, 행정책임의 소재 측면에서 유리하다고 본다(ACIR, 1974; Barlow, 1991; Keating, 1995).

통합론에 대한 비판도 없지 않아서 규모가 과대할 경우 오히려 규모의 불경제가 초래된다는 점, 통합의 효과는 공공서비스 유형에 따라 다르다는 점,[10] 구역 내 수평적 형평성(interjurisdictional equity)에서는 유리한 것이 확실하지만 중앙정부와 지방정부, 광역정부와 기초정부간 수직적 형평성(vertical equity)의 확보 차원에서도 유리한지는 불확실하다는 점 등이 지적되고 있다(Scott, 2001; ACIR, 1974).

구역통합에는 지방정부의 수평적 통합체로서의 단층제와 기초지방정부의 독자성을 인정하면서 광역적 통합체의 설치를 통하여 광역적 통합효과를 기하는 중층제(복층제)가 포함된다. 1999년 지역정부와 지역내 6개 지방정부를 통합한 Toronto, 1986년 GLC에서 해체되었다가 2000년에 GLA(Greater London Authority)로 재탄생한 런던 등이 그 예이다.

2) 분절론(fragmentationists)

공공선택론자들을 중심으로 제기되고 있는 주장으로서 통합된 구역보다 분절화된 구역이 유리하다고 본다(Ostrom et al., 1988; Parks and Oakerson, 1989). 일정한 지역 내에 복수의 지방정부가 존재해야만 지역내 주민들이 자신들의 선호를 극대화하기 위하여 이동할 수 있는 가능성, 이른바 “발로 하는 투표(voting with feet)”가 가능하다는 Tiebout(1956)의 주장은 대표적 예이다. 이들에 의하면 분절화된 구역은 통

10) 통합의 효과는 자본집약서비스(예, 사회간접자본)와 노동집약서비스(예, 경찰, 소방)간 차이가 있을 것이다. 전자의 경우에 상대적으로 통합에 따른 효율성 제고효과가 큰 것으로 인식되고 있다(Hirsh, 1964; 김석태, 2007). 또한, 중층제의 경우, 상위정부가 보다 우세한 재원을 바탕으로 지역내 형평성을 신장시킬 가능성은 크다(예, 자치구 재원조정).

합된 구역에 비하여 시민의 다양한 서비스수요 충족, 자원의 효율적 배분, 자치단체간 경쟁을 통한 효율증대 등에서 유리하다고 본다. 또한 분절화된 정부간의 광역협력도 크게 문제가 되지 않는다고 본다. 지방정부간 협력, 민관협력에 의하여 광역정부의 기능을 대신할 수 있을 것이며, 필요한 경우, 지역문제를 다루기 위한 별도의 특별구나 행정청을 설치하면 될 것으로 본다(Vogel, 1997: 188). 이는 기본적으로 지역의 분절화를 넘어서 기능의 분절화를 옹호하는 것이다. 즉, 서비스의 공급과 생산을 구분함으로써 서비스의 생산을 서비스의 공급기관인 일반목적의 정부가 아닌 민간 또는 특별행정청을 통하여 해결할 것을 옹호하는 것이기 때문이다(Keating, 1995). 나아가서 이들은 기본적으로 광역정부가 필요하지 않으며, 존재하더라도 가급적 좁은 범위의 기능만을 가져야 하며, 대부분의 기능은 하위단위의 정부가 수행하도록 하는 것이 바람직하다고 본다(ACIR, 1974: 15). 그래야만 주민이 필요한 공공서비스만을 선택적으로 받을 수 있을 것이기 때문이다.

이에 대한 비판은 대체로 통합구역의 장점에 해당한다. 즉, 과소규모로 인한 불경제, 자치단체간 재정력 불균등으로 지역간 서비스의 불평등 초래, 서비스 수요와 자원의 부조화, 광역행정의 통합성 저해, 행정책임 소재의 분산으로 책임성 저하 등이 그것이다(Keating, 1995; Lyons, Lowery, and DeHoog, 1992).

많은 지방정부가 설치되어 있는 미국 대도시 지역, 33,000개의 기초구역이 존재하는 가운데 지방자치단체간 연합이 활발한 프랑스 전역, 지역내 지방정부를 통합하지 않고 기존 지방정부의 자율권의 기반 위에서 광역적 협력을 추구하고 있는 캐나다의 Greater Vancouver Regional District 등은 분절화된 지방자치구역의 예이다.[11)]

11) 캐나다의 Greater Vancouver Regional District는 집행권은 없으며 조정권만 있다(김석태, 2007).

지금까지 통합론과 분절론에 대하여 일별하였거니와 통합 또는 분절의 상대적 우위에 대한 논의와는 별도로 실제로 통합이 가능하냐는 문제와 관련하여 제시되고 있는 시각에 대한 언급이 필요하다. 우리의 경우, 1995년 주민의견조사를 거쳐 40개의 시군통합을 시행한 바 있다. 이는 주민의견조사라는 형식을 거쳤지만 기본적으로는 중앙정부에서 일관된 방향으로 정책을 추진한 때문이라 판단된다. 그러나 특별한 조치없이 추진되는 자율통합의 경우 이같은 성과가 가능할지는 의문이다. 예컨대, ACIR은 미국에서 1921년부터 1979년 동안 83개의 통합시도 주민투표 중 17개만이 채택되었고, 1980년대에는 27개의 시도 중 6개만이 채택되었음을 보고함으로써 통합이 쉬운 사안이 아님을 시사해준 바 있다(Vogel, 1997: 189 재인용). 이같은 통합의 장애요인에 대한 대응으로서 또는 광역문제에 대한 보다 효과적인 대응책으로서 일각에서는 광역지역의 협력이나 조정을 공식적 정부의 재구조화문제로 접근하기보다는 광역거버넌스의 문제로 접근하는 것이 바람직하다는 시도가 있다(the metropolitan governance without government thesis). 즉, 공식적 지방정부보다는 특별행정기관, 지방정부간협력체, 지방정부간 협정 등 정부간관계의 문제로 접근하자는 것이다(Barlow, 1991: 294). 이러한 접근은 지방정부 외의 광역적 협력장치와 시각에 관심을 둔다는 점에서 지방정부간 협력과 조정에 관심을 갖는 공공선택론이나 통합론과 차별화되는 부분이 있다(Vogel, 1997: 189). 또한 이 접근은 공식적 정부의 조정문제를 공식적 정부 외의 거버넌스 문제로 치환하여 통합에 따르는 정책장애를 우회하게 하는 가능성도 있다. 그러나 지방정부의 구역 적정화에 관한 한, 이같은 접근도 기본적으로는 광역적 협력 내지 조정을 위한 공식적 광역정부를 인정하지 않으려 한다는 점에서 공공선택론과 그 주장의 맥을 같이 한다고 하겠다. 그러므로 새로운 시도에도 불구하고 구역설정에 관한 기본적인 관점은 통합론과 분절론이 상충하고 있는 것으로 보아 무리가 없을 것이다.

3) 종합

지방행정구역의 통합과 분절과 관련하여 통합구역과 분절구역의 장점을 행정이념에 비추어 비교하여 〈표 2-3〉으로 제시하였다(각 구역유형의 장점은 다른 구역의 단점이 된다).

그러나 관련된 실증연구에 의하면 통합론이나 분절론 어느 주장도 일관된 지지를 얻지는 못한다. 먼저 효율성 측면이다. Brazer(1962), Hirsh et al.(1964) 등의 연구는 구역통합이 외부효과를 내부화함으로써 능률향상을 가져왔다고 주장하였다. Thompson(1965)은 공공서비스의 양뿐만 아니라 질 향상을 위하여도 통합이 바람직하다고 보고하였다. 우리나라의 경우, 최영출(2005)이 제주도를 사례로 하여 통합에 따른 공공시설의 절감효과를 입증한 바 있다. 반면, Gustley(1977), Benton and Gamble (1984), Kirp and Cohen(1970) 등은 통합이 행정효율성 향상에 도움이 되지 않은 것으로 보고했다. 특히 Thompson(1965)은 통합의 효과를 긍정적으로 보면서도 작은 규모의 단체에서는 규모의 경제를 시현하기 곤란하다고 하였다. 한편, Hirsh(1959), Stein(1980) 등은 통합에 따른 효율증가는 서비스 종류에 따라 다르다고 하여 절충적 입장을 보인다. 구체적으로 수직적 통합서비스(예, 상하수도)의 경우는 능률화 효과가 높지만,

〈표 2-3〉 통합구역과 분절구역의 장점 비교

	통합구역	분절구역
효 율	규모의 규제	경쟁효율, 자원의 효율적 배분
형 평	수평적 형평성(조정, 통합)	응익자부담 연계성 제고
민 주	책임소재 명확	다양성, 서비스수요충족, 자율성

수평적 통합서비스(예, 경찰, 소방)의 경우는 능률제고 효과가 낮다고 하였다.

둘째, 통합 후 관할구역 내 형평성에 대해서는 대체적인 지지가 있다(Buchannan, Musgrave, Scott 등). 분절화된 지방행정체제하에서는 재정력 불균등, 수요와 재원의 분리, 광역행정의 통합성 저해에 따라 지역간 불평등 발생우려가 크다는데 대한 대체적인 합의가 있는 것이다. 이와 관련, Gustley(1977), Cook(1973) 등은 통합지역내 부유지역에서 빈곤지역으로 재원재배분이 발생하는 것을 입증한 바 있다.[12)]

셋째, 민주성 측면에서는 일반적으로 작은 규모의 자치단체의 주민대응성이 높은 것으로 인식되지만 이에 대한 실증연구는 찾기 어렵다.

전체적으로 볼 때, 민주성이나 형평성과는 달리 구역통합에 따른 효율성 제고효과에 대한 분석결과는 분명하지 않다. 이같은 결과는 기본적으로 규모의 경제효과와 경쟁의 경제효과가 경쟁하는데서 비롯되는 것일 수 있다. 또한 규모의 비경제도 한 원인이 될 수 있다. 이러한 논의는 자연스럽게 구역의 적정규모에 대한 의문으로 이어진다. 불행히도 적정규모에 대해서도 의견이 통일되지 않는다. 민주성을 우선시해야 하는 기초자치구역에 대해서는 공동체 구현을 위해 인구 기준 5-10만명 이하가 적정할 것이라는 의견, 민주성과 효율성을 조화시키기 위해서 50-100만명 정도가 적절할 것이라는 의견들이 제시되고 있다(Soul & Dollery, 2000; 하혜수, 2008에서 재인용). 광역자치단체의 경우로 한정하였을 때, 작게는 인구 기준 50-100만명이 최적이라는 의견으로부터(Alonso, 1975; Mera, 1973; 김석태 · 이영조, 2004에서 재인용), 300만명(이성복, 1995), 400만명(조기현, 2001), 600만명(하혜수 외, 2000)을 포함하여, 세계화 시대에 국

12) 다만, 수평적 형평화 효과에 대한 증거에도 불구하고 수직적 형평화, 즉 중앙정부와 지방정부간 형평화에 대해서는 합의에 이르지 못하고 있다(Scott, 2001). 이는 통합과 별도로 중앙정부의 자원배준의사에 좌우되는 비중이 큰 때문으로 생각된다.

제경쟁력을 갖춘 지역이 되기 위해서는 500-2,000만명의 규모가 적정하다는 의견(Ohmae, 2001; 이동우 외, 2003 재인용)까지 다양한 의견이 제시되고 있다. 물론 구역의 적정규모에 대한 논의가 인구만을 기준으로 할 수 있는 것은 아니다.[13] 또한 단층제만을 전제로 하는 것도 아니며 중층제하에서 계층간 보완관계를 전제로 해서 이루어질 수도 있는 것이다. 이렇듯 구역의 적정규모에 대한 논의는 한편으로는 여러 기준이 균형적으로 조합되는 규모에 대한 탐색노력인 동시에, 다른 한편으로 구역의 일방적 확장이나 축소는 한계가 있음을 제시해 왔다.

이상에서 살펴보았듯이 구역통합 또는 분리의 효과에 대한 기존의 연구결과가 일치하는 것은 아니지만, 대체적으로 볼 때, 통합구역은 민주성에서 불리한 대신, 효율성과 형평성 측면에서 유리한 것으로; 분절화된 지방정부는 민주성에서 유리한 반면, 효율성과 형평성 차원에서 상대적으로 불리한 것으로 제시되고 있는 것으로 판단된다. 능률성 측면에서 연구결과의 불일치가 크기는 하지만 그것도 실제로는 대개의 경우, 어떠한 구역규모의 범위 안에서 효율이 확보되는가하는 것이며 기본적으로는 통합의 효과를 지지하는 연구가 많은 편이다. 이같은 논의가 자치구역의 개편논의에 주는 함의는 구역의 일방향적인 확대나 축소보다는 효율, 형평, 민주성 측면에 대한 균형적인 고려하에서 구역규모를 결정해야 한다는 것이다. 이를 전제로 하되 기초자치단체에 비하여 주민접근에 대한 고려 필요성이 상대적으로 적은 광역자치단체의 구역개편에 있어서는 민주성 보다는 효율성에 우선순위를 두게 됨은 물론이다.

---

13) 자치단체의 적정규모를 산출하는 기준에 대한 논의는 홍준현(1998: 54이하)을 참조할 것.

3. 행정구역개편의 기준

1) 구역개편의 기준에 대한 선행연구

행정구역의 개편 방법으로 여러개의 자치단체를 통합할 것인가, 자치단체를 분할할 것인가는 행정구역 개편을 위해 어떤 기준을 채택할 것인가에 따라 달라진다. 자치단체 행정구역 개편기준은 오래전부터 여러 연구자들에 의해 다양하게 제시되었다.[14)]

우선, Millspaugh(1936)는 근대국가의 구역설정사례에 대한 실증분석을 토대로 ① 주민의 공동생활권과 일치, ② 행정의 능률 확보, ③ 행정편의, ④ 자주재원 조달 수준을 제시하였고, Lipman(1949)은 지방의 민주주의와 범죄의 통제를 통하여 ① 인구, 면적, 산업분포 등 양적 척도, ② 지역사회의 전통적 요인, ③ 교통 및 주민의 소비동향을 제시하였다. Fesler(1949)는 ① 자연지리적 조건, ② 행정능률, ③ 산업분포와 같은 경제적 조건, ④ 주민의 행정 통제가능성을 제시하였다. 앞의 연구자들과 조금 다른 분권(decentralization)의 관점에서 UN은 자치단체를 기초적 자치단체와 2차적 자치단체로 구분하여 구역설정의 원칙을 제시하였다 (UN, 1964: 21-22, 90-130). 기초적 자치단체의 경우 ① 공동체의식이 있는 공동사회, ② 주민의 직접적 행정참여가 가능한 가장 넓은 구역을 원칙으로 제시하였고, 2차적 자치단체 구역의 경우 행정사무의 능률적 처리가 가능한 가장 넓은 범위로 제시하였다.

이 외에 Leemans(1970)는 ① 행정의 능률성, ② 지역공동체, ③ 주민참여, ④ 재정자립을 기준으로 제시하였고, 비교적 최근의 논의라고 할 수 있는 Smith(1985)는 ① 행정능률, ② 공동체의식, ③ 주민의 참여를 기

14) 국내 연구자들은 다양한 국내외 연구자들이 제시한 구역개편 기준을 소개하고 있다(김보현 · 김용래, 1967; 최창호, 1981; 박종관, 1999; 조창현, 2005; 김석태, 2009).

준으로 제시하였다(〈표 2-4〉 참조).

다양하게 제시되고 있는 구역설정의 기준들은 크게 세 가지 영역으로 구분할 수 있다. 첫째는 지방자치의 이념과 관련된 것으로 행정능률, 공동체 사회의식, 주민참여 및 통제가 이에 해당된다. 둘째는 지방자치단체 구역의 물리적이고 객관적인 조건으로 자주재원, 편의구역, 지리적 조건, 면적 및 인구, 경제조건, 지역개발, 교통통신이 이에 해당된다. 셋째는 부가적 측면으로 지방정부간 협력이다. 한편, 〈표 2-4〉를 통하여 외국의 다양한 연구자들이 제시하고 있는 구역개편의 기준을 검토하면 초기의 논의라고 할 수 있는 30-50년대까지는 인구, 면적, 교통 및 산업분포 등과 같은 경제적이고 자연지리적인 조건들이 매우 중요한 요인들로 제시되었음을 알 수 있다. 그러나 1960년대 이후 사회의 복잡성과 경제적 상호의존성이 증대되면서 자연지리적인 조건이 구역설정의 기준에서 사라지게 되고, 행정능률, 공동체사회의식, 주민의 참여 등 지방자치의 이념적 차원이 중요한 기준으로 활용되고 있다는 점을 확인할 수 있다.

〈표 2-4〉 외국연구자들이 제시한 구역개편 기준

연구자	지방자치의 이념차원			자치행정 운영차원			사회경제적 조건차원			자연적 조건자원	
	행정능률	공동체 사회의식	주민참여 및 통제	편의구역	지역개발	지방정부간 협력	자주재원	경제조건(산업분포)	교통통신	지리적 조건	면적(인구)
Millspaugh(1936)	○	○		○	○		○				
Lipman(1949)		○						○	○	○	○
Fesler(1949)			○					○	○	○	
UN(1964)	○	○	○								
Leemans(1970)	○	○	○				○				
Smith(1985)	○	○	○								

자료: 박종관, 1999: 25의 표를 토대로 재구성

우리나라의 경우에도 다양한 연구자들이 지방행정구역 설정의 기준을 제시하였는데(최양부 등, 1988: 50-51), 본격적인 연구는 1980년대 이후 이루어졌다. 우선 최창호(1981)는 ① 공동체 사회, ② 행정의 능률, ③ 주민 편의성, ④ 재장자주성, ⑤ 주민참여와 통제를 기준으로 제시하였고, 최상철(1985)은 ① 공간적 통합성, ② 주민의 참여, ③ 행정능률성, ④ 재장자주성, ⑤ 역사성을 기준으로 제시하였다. 특히 김안제(1984, 1988)는 우리나라의 지방행정의 계층을 기준으로 군과 구의 구역설정 전제로, ① 자연조건 동질성, ② 교통의 편이성, ③ 원형적 중심성, ④ 규모적정성, ⑤ 역사성, 도의 구역설정 원칙으로 ① 통솔범위의 원칙, ② 공공서비스의 원칙, ③ 활동거리의 원칙을 제시하였다. 정세욱(1986)도 2계층의 우리나라 지방행정체제를 기준으로 기초자치단체의 경우 ① 공동생활권, ② 민주성과 능률성, ③ 재정수요와 재원조달능력, ④ 행정의 편리성을, 중간(광역)자치단체의 경우 ① 기초자치단체간 조정, ② 효율적 지역개발, ③ 도시와 농촌행정의 동시수행, ④ 기초자치단체의 행정기능 보완을 기준으로 제시하고 있다. 이를 정리하면 아래의 〈표 2-5〉와 같다.

위의 결과를 토대로 볼 때 국내연구자들의 경우 1960년대 이후 외국

〈표 2-5〉 국내연구자들이 제시한 구역개편 기준

연구자	지방자치의 이념차원			자치행정 운영차원			사회경제적 조건차원			자연적 조건차원	
	행정 능률	공동체 사회 의식	주민 참여 및 통제	편의 구역	지역 개발	지방정부간 협력	자주 재원	경제조건(산업 분포)	교통 통신	지리적 조건	면적 (인구)
최창호	○	○	○	○	○						
김안제	○	○	○	○	○	○			○	○	
정세욱	○	○	○	○	○	○			○		
최상철	○	○	○	○			○				

자료: 박종관, 1999: 25의 표를 토대로 재구성

의 연구자들과 마찬가지로 이념적 차원의 기준은 모두 채택하고 있으나 우리나라의 특성을 반영하여 자주재원 여부와 주민의 행정편이성을 기준으로 채택한 경우도 있음을 확인할 수 있다.

생각건대 구역개편을 위하여 다양한 기준들은 상호 배타적으로 적용될 수 없다고 생각된다. 즉, 모든 시기, 모든 자치단체에 보편적으로 적용할 수 있는 구역개편의 기준은 없으며, 지역의 상황과 시대적 배경과 요청 등에 적합하게 여러 가지 기준들이 선별적으로 채택되어 적용되어야 하는 것이다. 다만 일반적으로 제시되고 있는 지방자치이념으로서 행정능률, 공동체 사회, 주민참여와 우리나라에 특화되어 제기되고 있는 자주재원, 주민편의성이 가장 중요한 기준이라고 할 수 있다. 따라서 구역개편의 세부 기준에서는 국내외 연구자들이 제시하는 기준 중에서 중요하다고 판단되는 다섯 가지 기준을 중심으로 그 내용을 검토해 보도록 한다.

2) 세부 기준

우선, 구역개편의 세부 기준으로 많이 제시되는 것은 행정의 능률성 기준이다. 이는 일정한 관할구역내의 지방행정을 수행함에 있어 최소의 비용으로 최대의 효과를 산출하도록 자치구역을 설정함을 의미한다.

둘째는 공동체 사회로의 인식과 생활이 미치는 영역 기준이다. 인위적으로 책정되는 자치행정구역은 그 지역에서 거주하고 있는 주민들이 인식하는 자연발생적인 공동사회와 일치되게 확정되어야 함을 의미한다.

셋째는 주민참여와 주민의 행정통제 범위 기준이다. 자치행정구역의 기준으로서 주민참여는 일차적으로 지방행정기관의 정책과정에 주민들이 참여의식을 가지고 직접 관여하거나, 정책과정에서 주민들의 의견을 반영한 결정이 이루어짐을 의미하고, 이차적으로는 이러한 참여를 근거로 지방자치단체의 통제주체로 주민이 될 수 있는 영역으로 자치구역이 정해져야 한다는 것이다.

넷째는 재정자립을 가능하게 하는 구역을 기준으로 하는 것이다. 이는 재정자립도가 지방정부의 자율성에 큰 영향을 미치고 있는 우리나라의 경우 더욱 중요시되는 기준이다. 지나치게 좁은 구역은 조성되는 재원에 비해 비용이 과다하게 지출될 수 있지만, 지나치게 넓은 구역의 경우에도 넓은 지역에 행정서비스를 제공하는 과정에서 지나치게 많은 비용이 지출될 수 있다. 따라서 수입과 지출의 규모가 적정하게 유지되는 수준에서 구역을 획정할 필요가 있다.

다섯째, 주민의 행정편의성이다. 지방자치는 자치단체의 구역내 주민을 위한 행정서비스를 제공하는 것을 목표로 하고 있기 때문에 행정구역 설정에서 관할구역내 행정서비스를 제공받는 주민의 편의성이 고려되어야 한다.

3) 기준간 관계와 기준선택시 고려사항

위에 제시된 여러 가지 개편기준들은 일정한 위계 혹은 인과구조를 가지고 있다(〈표 2-6〉 참조). 우선 지방자치계층에 대한 제도 자체에 대한 개편, 혹은 개별자치단체간 구역조정의 기본방향을 결정하기 위하여 필요한 구역개편의 기준은 개편기준 1수준이라고 할 수 있는 지방자치의 가치와 이념차원에 해당되는 공동체 사회의식, 주민참여 및 통제, 행정의 능률성이다. 이들 가치의 조화를 통하여 행정계층을 단층제로 개편할 것인가, 다층제로 개편할 것인가의 기본방향이 제시되고, 자치단체의 광역화가 바람직할 것인가 혹은 분절화가 바람직할 것인가를 정하게 된다.

2수준의 개편기준은 자치단체 운영차원을 고려한 개편기준으로 주민의 편의성, 지역개발, 지방정부간 협력이 얼마나 잘 이루어질 것인가를

〈표 2-6〉 자치구역 개편기준 간 관계

개편기준 1수준	개편기준 2수준	개편기준 3수준
- 공동체 사회의식 - 주민참여 및 통제 - 행정의 능률성	- 주민의 편의성 - 지역개발 - 지방정부간 협력	-지리적 조건 -면적(인구) -자주재원 -경제적 조건 -교통 및 통신
지방자치의 가치와 이념 차원 →	자치단체 운영 차원 →	↗ 자연적 조건 차원 ↘ 사회경제적 조건 차원
개편의 기본방향 평가기준 (자치계층 조정)	개편대안 평가기준 (자치단체의 구역 및 자치단체의 수 등)	구역의 미세 조정방안 평가기준 (경계설정 등)

기준으로 개별 혹은 수개의 지방자치단체간 구역조정을 판단하게 된다.

개편기준의 3수준의 경우 지방자치단체간 구역의 미세 조정을 위한 평가기준으로 자연적 조건과 사회경제적 조건에 따라 개별 자치단체간 행정구역의 경계설정시 활용될 수 있다.

4. 정부간 사무배분의 원칙과 기준

1) 사무배분의 원칙

사무배분시 적용되는 원칙은 우리나라의 지방자치법과 지방분권촉진에 관한 특별법에 제시되어 있다. 우선 지방자치법은 제10조 제3항에 광역사무와 기초사무간 불경합의 원칙과 경합시 기초자치단체 우선처리의 원칙을 제시하고 있다. 불경합의 원칙은 사무의 귀속과 권한, 책임의 소재를 명확히 하고, 이중행정 및 중복행정을 피하기 위하여 적용되는 원칙이다(금창호 등, 2008: 30). 기초자치단체 우선처리의 원칙은 기초와 광역자치단체의 사무가 서로 경합할 때에는 시 · 군 · 자치구인 기초자치단체에서 우선적으로 처리해야 함을 의미한다. 이에 따를 경우 지방행정을 위한 기본적인 사무는 먼저 시 · 군 · 자치구에 할당되어야 하고, 시 · 군 · 자치구가 처리하는 것이 합리적이지 못한 것은 광역자치단체인 시 · 도가 관장케 하며, 지방자치단체에서 수행하는 것이 효과적이지 못한 사무만을 중앙정부가 담당토록 해야 한다.

지방분권특별법이 제6조에서 제시하는 사무배분의 원칙은 다음과 같다. 첫째는 국가와 지방자치단체간 또는 지방자치단체 상호간 중복되지 아니하도록 배분하여야 한다는 중복배제원칙이다. 둘째는 사무를 중복되지 않게 배분할 경우에도 지역주민의 생활과 밀접한 관련이 있는 사무는 원칙적으로 시 · 군 · 자치구의 사무로, 시 · 군 · 자치구가 처리하기 어려운 사무는 특별시 · 광역시 · 도의 사무로, 시 · 도가 처리하기 어려운 사무는 국가의 사무로 배분해야 한다는 원칙이다. 셋째는 사무를 배분해 주거나 사무를 배분받는 자치단체는 그 사무를 자기의 책임 하에 종합적으로 처리할 수 있도록 관련 사무를 포괄적으로 배분해야 한다는 포괄성의 원칙, 넷째는 민간부문의 자율성을 존중하여 국가 또는 지방자치단체의 관여를 최소화 하면서 민간의 행정참여 기회를 확대해야 한다는 원칙이다.

2) 사무배분의 기준

사무배분의 기준으로는 다음과 같은 것들이 제시되고 있다(김재훈, 1998). 첫째, 영향의 범위이다. 이는 각각의 행정서비스는 그 공급으로 인한 이익과 비용을 내부화할 수 있는 최소한의 지역에 통제권을 갖는 관할권(정부)에 의하여 공급되어야 한다는 원칙이다. 둘째는 정책단계에 의한 기준이다. 지방자치단체별 특성을 고려하지 않고 전국에 획일적으로 적용되는 상위의 정책과 이에 따른 지침, 기준을 정하는 기능은 중앙정부가 수행하고, 지방자치단체는 지역차원에 영향을 미치는 정책의 집행을 위한 기능을 수행한다. 셋째, 정책의 규모와 중요성이다. 책임을 지는 정부와 공급을 직접 담당하는 정부를 구분하여 중앙정부와 지방정부가 동일한 기능을 공유할 수 있으며 규모 혹은 중요도에 따라 기능이 배분될 수 있다. 예컨대, 산업육성 기능에 있어서 국가는 국가기간산업의 육성을 담당하고 지방정부는 지역의 중소기업을 육성하도록 역할을 분담하는 것이 이 기준이 적용된 사무배분 예이다. 넷째, 지역적 특성의 고려 여부이다. 이 기준은 산출측면에 초점을 둔 것이다. 어느 기능이 지역적 특성을 많이 고려할 필요가 있는가를 기준으로, 지역의 특성을 고려할수록 보다 양질의 행정서비스를 공급할 수 있을 경우 지방자치단체로 기능이 이양된다.

지방자치법은 국가–광역자치단체–기초자치단체간 사무배분 기준을 다음과 같이 구체적으로 제시하고 있다. 우선 국가사무의 경우에는 법률에 다른 조항이 없는 한 지방자치단체는 '국가의 존립에 필요한 사무, 전국적으로 통일적으로 처리를 요하는 사무, 전국적 규모나 이와 비슷한 규모의 사무, 전국적으로 조정해야 할 필요가 있는 사무' 를 처리할 수 없도록 하고 있다(지방자치법 제11조). 광역자치단체의 경우 행정처리 결과가 2개 이상의 시 · 군 및 자치구에 미치는 광역적 사무, 시 · 도 단위로 동일한 기준에 따라 처리되어야 할 성질의 사무, 지역적 특성을 살리면서 시 · 도단위로 통일성을 유지할 필요가 있는 사무, 국가와 시 · 군 및 자치구 사이의 연락 · 조정 등의 사무, 시 · 군 및 자치구가 독자적으로 처리하기에 부적당한 사무, 2개 이상의 시 · 군 및 자치구가 공동으로 설치하는 것이 적당하다고 인정되는 규모의 시설을 설치하고 관리하는 사무를 담당한다(지방자치법 제10조 제1항 1호). 기초자치단체의 경우 시·도가 처리하는 것으로 되어 있는 사무를 제외한 사무를 처리하도록 되어 있다(지방자치법 제10조 제1항 1호).

제4절 지방행정체제 개편에 대한 법적 규율

1. 지방행정구조에 대한 법적 규율

헌법상 보장된 지방자치제도를 구현하기 위하여 제정된 지방자치법은 지방행정체제를 정의내리고 있지 않다. 다만 지방행정체제의 구성요소라고 할 수 있는 지방자치단체의 계층과 구역에 대한 규정을 두고 있다.

1) 지방자치단체의 계층

자치계층은 법적인 개념이라기보다는 학술적·행정실무적인 개념이다. 지방자치에 관하여 일반법의 지위에 있는 지방자치법은 계층이라는 용어를 사용하지 않고 있기 때문이다. 계층이라는 용어 대신 법은 지방자치단체의 종류에 대한 규정을 두고 '특별시, 광역시, 도, 특별자치도'와 '시, 군, 구'로 나누어 지방자치단체의 종류를 구분하고 있다(법 제2조 제2항). 이 중 '특별시, 광역시, 도, 특별자치도'는 정부의 직할로 두고, 시는 도의 관할구역 안에, 군은 광역시나 도의 관할구역 안에 두며, 자치구는 특별시와 광역시의 관할구역 안에 설치하도록 되어 있다.

한편, 담당사무에 따라 각 계층을 구분하기 위하여 지방자치법은 특별시, 광역시, 도인 계층의 지방자치단체와 시군구인 지방자치단체의 사무범위를 달리 규정하여 두고 있으며 법 제8조 제3항에 명문의 규정을 두어 「지방자치단체는 법령이나 상급 지방자치단체의 조례를 위반하여 그 사무를 처리할 수 없다」고 규정하여 우리나라 지방자치단체의 계층구조가 위계를 가진 다계층제임을 밝히고 있다.[15] 학계에서는 '특별시, 광역시, 도, 특별자치도'의 경우 광역차원의 사무를 처리하도록 규정되어 있기 때문에 이들을 광역자치단체로, '시군구'의 경우 지방자치행정이 수행해야 하는 기초적인 사무를 담당하도록 되어 있기 때문에 이들을 기초자치단체로 규정하면서 우리나라의 자치계층을 '광역-기초자치단체'의 2단계 계층구조로 이해하는 것이 일반적이다.[16] 단, 지방행정을 수행하는 하부 행정계층인 '행정구 · 행정시, 읍 · 면 · 동'은 법인격을 가지지 못하기 때문에 자치권이 있는 지방자치단체가 아니다.

2) 지방자치단체의 구역

지방자치단체의 구역은 소극적으로는 지방자치단체의 지배권이 미치는 지리적 범위를 한정하는 의미를 갖지만, 적극적으로는 구역 안의 모

---

15) 연구자에 따라서는 우리나라의 지방자치법이 각 지방자치단체를 법인으로 간주하는 규정을 두고 있기 때문에 광역자치단체인 특별시, 광역시, 도, 특별자치도와 시군구를 대등한 관계에서 바라보면서 광역자치단체와 기초자치단체의 상하관계를 인정하지 않는 경우도 있다(이기우, 2007: 60, 각주). 그러나 지방자치법 제8조 제3항이 이미 자치단체에 대한 규정에서 상급지방자치단체를 인정하고 있다는 점에서 우리나라의 지방자치단체는 상위의 광역자치단체와 하위의 기초자치단체로 계층화되어 있는 것이며, 규범적 차원에서 양자의 계층이 단순한 담당사무만을 기준으로 배분된 경우이고 각기 독립된 법인격을 가지고 있기 때문에 지방자치단체간 위계는 인정될 수 없다는 것이 실정법으로 받아들여지기 위해서는 지방자치법의 관련규정을 개정하여야 할 것이다.

16) 현재 지방자치를 대부분의 연구하는 법학 및 행정학, 정치학자들은 우리나라의 자치계층을 광역과 기초로 구분하고 있다.

든 사람과 물건에 대해 지배권이 미친다는 것을 의미한다(이기우 외, 2007: 71).

지방자치단체의 구역은 지방자치법 제4조 제1항에 따라 종전의 예에 의하기 때문에, 특별히 법률로 기존의 구역을 변경하지 않는 한 지방자치단체의 구역은 종전의 범위를 유지하면서 출발하였다. 지방자치단체는 하부기관으로 지방자치단체가 아닌 시 · 구 · 읍 · 면 · 동 · 리를 두고 있는데, 이들의 구역도 지방자치법 제4조 제23항 및 제4항에 따라 종전에 의하고 있다.

2. 지방행정구조 개편에 대한 법적 규율

1) 지방자치 계층의 개편

지방자치법은 지방자치 계층의 개편, 즉 자치계층의 수 변화, 또는 특별시 · 광역시 · 도 · 시 · 군 · 자치구라는 지방자치단체 유형의 변화에 대한 명문의 규정을 두고 있지 않다. 근본적인 차원의 자치계층 변화는 헌법이 입법자들에게 위임한 입법재량의 행사로 간주되어 기존의 법률을 집행하는 것이 아니라 입법재량을 행사하여 지방자치법 자체를 개정하거나 특별법을 제정하는 형태로 구현되기 때문이다.

생각건대 자치계층 하나를 없애 단층화 하거나 추가하여 3계층화 하는 거시적 차원의 자치행정계층의 개편은 개별 자치단체에 대한 조정을 중심으로 하는 '특별법' 의 형식으로 추진하는 것은 무리가 있어 보인다. 일본의 경우 도주제 개편을 위한 논의과정에서 특별법을 통하여 광역자치단체인 부현을 통합하는 전략이 제시되고 있지만(채원호, 2008), 일본의 도주제는 어디까지나 지방자치의 2계층을 전제로 하는 것이기에 '각

자치단체별 통합을 위한 지방자치법에 대한 특별법'을 통하여 추진이 가능하지만, 여기서 논의하는 거시적 차원의 자치행정계층의 개편으로 기초자치단체의 구역을 모두 조정하여 광역시로 단일계층화 하고 도와 군·구를 폐지하는 경우에는 예외사항을 규율하는 특별법으로는 가능하지 아니하며 지방자치법에 대한 전면적인 개정을 통하여 추진하여야 한다.[17] 강기홍(2007)도 지방자치계층의 변화를 초래하는 행정체제개편은 지방자치법 제4조가 정하고 있는 구역개편이 예견하고 있는 사안에 해당되지 아니한 '전면적 재구획'에 해당되기 때문에 이 경우 지방자치법 제4조를 적용하지 못한다는 문제가 발생함을 지적하고 있다. 따라서 이 경우에는 지방자치법의 전면개정을 통하여 지방자치단체의 종류를 조정하고 지방자치법 제9조가 정하고 있는 자치사무를 재조정하여야 한다.

2) 행정구역의 개편

지방자치법은 여러 가지 조문을 두어 지방행정 구역조정 과정과 결과에 대한 조치사항을 두고 있다. 지방자치단체의 구역개편 유형은 자치단체의 ① 폐지, ② 설치, ③ 통합, ④ 경계변경으로 구분되어 규율되고 있다. 지방자치법 제4조는 지방자치단체인 광역시·도와 시·군·구의 구

17) 한편, 광역자치단체인 도 전체를 폐지하여 2단계의 지방자치 계층구조를 단층으로 개편할 경우 지난 2004년 관습헌법 위반을 근거로 노무현정부의 수도이전의 위헌을 판시했던 헌법재판소의 논리가 여기에 적용되어 위헌의 가능성이 있다는 지적이 있다(김성호 외, 2009). 이 견해에 의하면 우리나라의 광역자치단체인 도 역시 관습헌법상의 지위를 인정받을 수 있는 여지가 있다는 점을 지적한다. "도의 역사성·문화성 등을 고려한다면 관습헌법의 성립요건 중 ①관행 내지 관례의 존재와 ②반복·계속성을 인정할 수 있을 것이다. 또한 우리나라 지방행정체계는 약간의 변경은 있었지만 큰 틀은 변하지 않은 채로 유지되어 왔고 특히 도는 정권의 부침(浮沈)과는 상관없이 고려시대부터 있어왔던 구역이다. 따라서 ③의 항상성의 요건도 만족하며 우리 국민 정서 그리고 정체성을 나타내는 가장 큰 특징이 도경계로 인하여 지방색을 드러내고 향토색이 짙어진다. 이러한 점으로 미루어 보아 도의 존재문제도 관습헌법으로 인정될 여지가 있어 입법자가 자의적으로 이를 폐지할 수 없다고 판단된다."

역개편 중 폐지, 설치, 통합 및 명칭변경의 경우 법률, 관할구역의 경계를 변경할 경우에는 대통령령으로 하도록 규정하고 있다. 다만, 자치구가 아닌 구·읍·면·동의 명칭과 구역변경은 해당 자치단체의 행정안전부 장관의 승인을 득한 후 자치단체조례로 하도록 되어 있다(〈표 2-7〉 참조).

한편, 지방자치단체의 폐치(廢置)·분합(分合)과 경계변경시 지방자치단체는 주민투표법에 의한 주민투표를 실시하거나, 관계지방자치단체의 의회의 의견을 듣도록 되어 있다(동법 제4조 제2항). 이 때의 관계지방자치단체는 해당 지방자치단체의 의회와 그 상급지방자치단체의 의회이다(이기우 외, 2007: 73). 이는 지방자치단체 폐치분합과 구역변경은 해당 자치단체에 중대한 이해관계를 갖기 때문에 이에 대한 의견청취 절차를 명문화 한 것이다. 만약 지방자치법이 정하고 있는 의견청취절차 없이 특별법을 제정하거나 대통령령을 제정할 경우 위법한 것으로 무효가 된다(이기우 외, 2007: 73).

의견청취와 관련하여 주민투표법은 제8조에 국가정책에 관한 주민투표 규정을 두고 중앙행정기관의 장으로 하여 지방자치단체의 폐치(廢置)·분합(分合) 또는 구역변경, 주요시설의 설치 등 국가정책의 수립에

〈표 2-7〉 지방자치단체 구역 변경의 종류와 법적 수단

구역변경	법적 수단
자치단체의 폐지, 설치, 통합, 분할 및 명칭변경	법률(지방자치법 제4조 제1항)
시·군·자치구의 관할구역 경계변경	대통령령(지방자치법 제4조 제1항)
자치구가 아닌 구, 읍·면·동의 폐지, 설치, 통합, 분할 및 명칭변경	행정안전부 장관의 승인을 얻어 자치단체의 조례로 시행(지방자치법 제4조의2 제1항)
자치구가 아닌 구, 읍·면·동의 관할구역 경계변경	자치단체의 조례로 시행하되 그 결과를 특별시장·광역시장·도지사에게 보고(지방자치법 제4조의2 제1항 단서)

자료: 안용식 등, 지방행정론, 2007: 114를 참고로 수정

관하여 주민의 의견을 듣기 위하여 필요하다고 인정하는 때에는 주민투표의 실시구역을 정하여 관계 지방자치단체의 장에게 주민투표의 실시를 요구할 수 있도록 하고 있다(제1항).[18] 이 경우 중앙행정기관의 장은 미리 행정안전부장관과 협의하여야 한다. 지방자치단체의 장은 제1항의 규정에 의하여 주민투표의 실시를 요구받은 때에는 지체없이 이를 공표하여야 하며, 공표일부터 30일 이내에 지방의회의 의견을 들어야 하고(제2항), 지방의회의 의견을 들은 지방자치단체의 장은 그 결과를 관계 중앙행정기관의 장에게 통지하여야 한다(제3항).

3. 헌법과 지방행정체제 개편

우리나라의 현행 헌법은 제117조(지방자치단체)에서 '지방자치단체는 주민의 복리에 관한 사무를 처리하고 재산을 관리하며 법령의 범위안에서 자치에 관한 규정을 제정할 수 있다' 고 규정하고 있어 지방자치단체의 종류 등 지방자치에 관한 사항들은 법률에 위임하여 두고 있다. 따라서 지방행정체제의 개편 또한 입법자에게 위임되어 있다.

지방자치법은 지방행정구역의 조정에 대하여 규율하고 있으며 지방행정구역은 입법자의 의지에 따라 '특별법' 을 통하여 개편된다. 한편, 개별자치단체 수준의 행정구역 개편 이외에 거시적 차원의 지방자치 계층의 조정에 있어서는 지방자치법에서 이를 규율하고 있지 않기 때문에(강기홍, 2007), 지방자치법이 지방자치단체의 유형으로 정해둔 것을 없애 자치계층 제도 자체를 개편할 수 있는지, 개편할 수 있다면 어떤 방식으로

18) 주민투표법의 입법자들은 지방자치단체의 폐치분합, 구역조정은 지방자치단체의 주요결정사항이라기보다는 국가정책에 관한 사항으로 인식하고 있음을 추론할 수 있다. 이러한 법규율은 지방행정구역개편과 관련하여 중요한 시사점을 준다.

개편할 수 있는지 논란이 된다. 즉, 지방자치단체의 종류는 지방자치제도의 근간으로 이를 변경하는 것은 헌법이 보장하고 있는 지방자치제도의 본질적인 변화를 초래하기 때문에, 제도의 본질적인 사항의 변경을 입법자에게 맡기는 것이 적합하지 않다는 것이다(이기우 외, 2007, 60). 또한 우리나라의 헌법이 지방자치단체의 종류를 규율하지 않고 있는 것에 문제가 있기 때문에 헌법 개정을 통하여 지방자치의 제도보장 내용에 '지방자치계층'을 명문화해야 한다는 주장을 한다(김성호 외, 2009; 이기우, 2005). 외국의 경우 헌법에 지방자치단체의 종류를 보장하고 있는 국가도 있다. 독일의 경우 기본법 제28조에 주(Land), 크라이스(Kreis), 게마인데(Gemeinde)를 보장하여 두고 있으며, 프랑스의 경우에도 헌법 제72조에 꼼뮨(Commune), 데빠르트망(Department), 레지옹(Region)을 두고 있다. 이 외에도 이탈리아, 스페인 등의 헌법에서 각 국가에 도입되어 있는 지방자치단체의 유형을 명문으로 두고 있다(김성호 외, 2009). 지방자치의 제도보장을 공고히 하기 위하여 타당한 주장이라고 할 수 있다.

다만, 헌법조문화 되는 지방행정체제의 내용에 대해서는 논란의 여지가 있다. 이기우(2005)는 우리나라의 지방자치제도를 규율하고 있는 헌법의 개정하여 다음과 같은 내용의 조문을 신설할 것을 주장한다. "제1117조의 2 ① 지방자치단체에는 법률이 정하는 바에 따라 광역지방자치단체와 기초지방자치단체를 둔다. ② 광역지방자치단체로는 특별시, 특별도, 광역시, 도를 둔다. ③ 기초자치단체로는 시, 군, 자치구를 둔다." 하지만 이렇게 자치단체의 계층과 유형을 지나치게 구체적으로 규정할 경우 도시화 진전 등 환경변화에 따른 새로운 종류의 자치단체 유형을 추가하거나 적실성이 낮은 유형의 자치단체를 없앨 경우에도 헌법의 개정을 하여야 한다는 문제가 발생할 수 있다. 따라서 지방행정체제에 대한 헌법조문화는 신중하게 추진해야 한다. 즉, 기본적인 계층의 유형으로 광역자치단체인 시 · 도, 기초자치단체인 시 · 군 · 구가 있음을 헌법에 명문화 하되, 지방자치단체의 구체적인 명칭은 지방자치에 대한 일반법인 지방자치법에 위임할 필요가 있다.

제 3 장 지방행정체제의 일반현황

제1절 우리나라 지방행정체제의 일반현황

1. 자치계층

우리나라 지방자치단체의 계층구조는 상위의 광역자치단체와 하위의 기초자치단체의 2계층으로 구분된다. 지방자치법에는 자치단체 유형을 '특별시, 광역시, 도, 시군구' 로 구분하고 있으며, 각기 배분된 사무에 따라 상하위의 자치계층이 구분된다. 자치단체 유형 중 특별시, 광역시, 도는 법이 정한 광역차원의 사무를 담당하는 광역자치단체에 해당되며, 행정심판법, 소청심사법 등 여러 가지 규정에 의하여 하위 자치단체를 지도하고 감독하며, 승인하는 권한을 가진다.

우리나라 자치계층구조의 현재 모습은 고려시대를 근간으로 하는데, 특별시 · 광역시 · 도(특별자치도)인 광역자치단체와 시 · 군 · 자치구의 2종으로 대별되어 2계층으로 구조화되어 있었다(심익섭, 2006). 다만 2006년 제주특별자치도가 도입되면서 중앙정부의 직접 관할하에 있으면서, 하부의 자치단체가 없는 1계층의 광역자치단체가 설치되어 혼합형 계층구조로 이루어져 있다. 〈표 3-1〉은 현재 우리나라의 지방자치 행정의 계층구조를 보여준다. 지방해정계층은 지방자치의 2계층에 행정구 · 행정시와 읍 · 면 · 동인 2계층을 포함하여 3개 또는 4개 계층구조로 되어 있다.

2009년 현재 우리나라에는 특별시 1개, 광역시 6개, 도 8개와 1개의 특

〈표 3-1〉 현행 지방자치행정의 계층구조

지역구분		자치계층	행정(비자치)계층
도시지역	특별시 · 광역시	2계층(특별시 · 광역시-자치구)	1계층(동)
	인구 50만 이상의 시	2계층(도-시)	2계층(구-동)
	인구 50만 미만의 시	2계층(도-시)	1계층(동)
도농통합지역	광역시	2계층(광역시-군)	1계층(동 · 읍 · 면)
	인구 50만 이상의 시	2계층(도-시)	2계층(구-동 · 읍 · 면)
	인구 50만 미만의 시	2계층(도-시)	1계층(동 · 읍 · 면)
농촌지역	군	2계층(도-군)	1계층(읍 · 면)
특별자치지역	특별자치도	1계층(특별자치도)	2계층(시-동 · 읍 · 면)

자료: 심익섭, 2006.

별자치도를 합하여 총 16개의 광역자치단체가 설치되어 있으며, 기초지방자치단체로는 시가 75개, 군이 86개, 자치구가 69가 설치되어 있다. 행정계층의 경우 인구 50만 이상의 10개 시에 설치하도록 되어 있는 행정구가 26개, 제주특별자치도에 행정시 2개, 최 일선의 행정계층이라고 할 수 있는 읍면동이 3,573개 설치되어 있다(이 중 읍이 211개, 면이 1,209개, 동이 2,153개이다).

[그림 3-1] 우리나라의 지방행정체제 현황

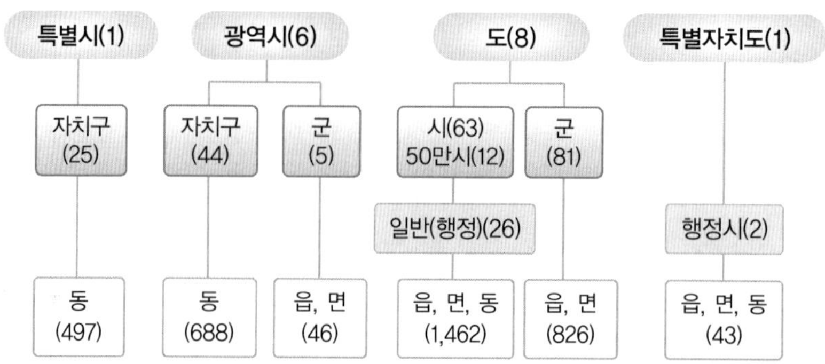

자료: 행자부(2005) 수정 보완.

2. 자치행정구역

지방자치단체의 구역은 지방자치단체의 자치권이 배타적으로 적용되는 지역적 범위이다. 따라서 법인격을 가진 지방자치단체 수만큼의 자치행정구역이 존재한다. 전통적으로 자치행정의 구역 획정기준은 자연적 조건이라고 할 수 있는 면적과 인구이다. 이들은 행정구역 확정시 대표적인 행정수요 요인이 되기 때문이다.

우리나라 지방자치단체 자치행정구역의 종합적 현황을 광역자치단체와 기초자치단체로 구분하면 〈표 3-2〉와 같다. 2005년을 기준으로 할 때 16개 광역자치단체에는 평균 3,036천명이 거주하고 있으며, 특별시와 광역시에 평균 3,267천명, 도인 광역자치단체에 2,857천명이 거주하고 있다. 면적의 경우 16개 광역자치단체 전체 평균으로 6,245㎢를 차지하였으나, 특별시와 광역시가 762㎢인데 비해 도인 광역자치단체는 10,509㎢를 차지하고 있다. 인구와 면적의 최대와 최소 기준을 비교한 결과를 보면 인구에 있어서 최대인구가 거주하는 경기도가 최소인구가 거주하고 있는 울산광역시보다 10배가 많고, 면적의 경우에도 최대면적을 가지고 있는 경상북도가 최소면적으로 가지고 있는 광주광역시의 4배를 차지하고 있다.

기초자치단체의 경우 234개 시군구 평균 인구는 207천명이고, 면적은 평균 427㎢로 나타났다. 시인 기초자치단체의 경우 인구는 평균 275천명, 면적은 평균 495㎢였고, 자치구는 324천명의 인구에 면적은 48㎢, 군인 자치단체는 인구 57천명, 면적은 66㎢로 나타났다. 자치구와 군에 비해 시의 평균면적이 넓은 것은 1995년부터 진행된 도농통합시 구역개편의 결과이다. 한편, 기초자치단체의 경우 인구와 면적의 최대와 최소 자치단체간 격차가 광역자치단체보다 월등히 크다. 이는 기초자치단체의 경우 지역별 편차가 크고 다양한 유형의 자치단체가 존재하기 때문

〈표 3-2〉 광역-기초자치단체별 행정구역 규모 현황

구분	인구(명)			면적(㎢)		
	평균	최소	최대	평균	최소	최대
광역자치단체	3,036,487	1,081,453 (울산광역시)	10,462,920 (경기도)	6,245.25	501.35 (광주광역시)	19,025.32 (경상북도)
기초자치단체	207,623	9,191 (울릉군)	1,033,829 (수원시)	427.03	2.80 (부산 중구)	1,817.92 (홍천군)

이다.

하부행정구역의 경우 행정구는 평균 103㎢의 면적에 인구 308천명이 거주하고 있다. 대개의 경우 행정구는 인구 50만 이상의 대도시에 두기 때문이다. 최하위 행정구역인 읍면동의 규모를 보면, 읍의 경우 68㎢의 면적에 인구는 20천명, 면의 경우 62㎢의 면적에 인구 4천명, 동의 경우 4㎢의 면적에 인구 18천명이 평균적이다.

3. 우리나라 지방행정체제의 역사적 변천

1) 대한민국 건국이전의 지방행정체제 변화

일반적으로 우리나라 지방행정체제의 기원은 고려시대로 간주된다. 지금으로부터 1,000여 년 전에 성립된 행정체제을 기반으로 지속적으로 발전하여 지역주민들의 생활권으로 정착되어 왔기 때문에, 현재의 우리나라 지방행정계층은 오랜 역사성을 가지고 있다.

근대적 의미의 지방행정체제가 성립되기 이전의 시기에는 중앙집권을 강화하고 지방을 중앙의 통치에 여하히 효율적으로 예속시킬 것인지가 지방행정의 관건이었다. 따라서 지방행정계층의 근간을 형성시켰던 고려시대에는 군현제도를 도입하여 중앙에서 관료를 파견하는 중앙집권체제를 추구하였으나 제도의 완성도는 그리 높지 않았다(박기춘, 2009). 고려 초기에는 500여개의 군현을 두어 130여개에만 수령이 파견되어 왕권의 지배력이 지방에 완전히 미치지 못하였으나, 이후 속현에 대한 중앙관료의 파견이 증대되면서 강화되었다. 또한 중앙과 군현의 중간관리기구로 양계와 5도가 설립되었는데, 고려시대 정착된 양계 · 5도와 군현이 현재 우리나라의 광역자치단체–기초자치단체의 근간이 된다고 하겠다.

고려시대에 근간이 형성된 우리나라의 지방행정체제는 조선 건국 이후 태종 13년 부터 현재와 유사한 명칭의 전국 8도제를 도입하였다. 조선시대에는 2개의 특별부로서 한성부와 개성부를 두고, 전국을 경기, 충청, 전라, 경상, 황해, 함경, 평안, 강원의 8도로 구분하였고, 도 아래의 하부행정구역으로 부 · 대도호부 · 목 · 도호부 · 군 · 현(府 · 大都護府 · 牧 · 都護府 · 郡 · 縣)을 두었다. 다만, 한성부(漢城府)와 개성부(開城府)는 중앙직할체제로 운영하였다. 한편, 1895년 갑오경장에 따른 을미개혁은 근대적 중앙집권체제로 행정체제를 전환하기 위하여 과거의 8도제를 23부제(府制)로 바꾸고, 하위계층 행정기관의 명칭을 모두 군(郡)으로 통일하였다. 그러나 갑오경장을 통하여 집권한 개화파 세력이 몰락하면서 23부제는 1896년부터 다시 도제(道制)로 환원하여 전국을 한성부와 13도로 나누고, 도 아래에는 부 · 목 · 군(府 · 牧 · 郡)을 둔 행정체제가 한일합병까지 지속되었다.

일제시대 총독부는 지방행정체제를 도–부 · 군–면(道–府 · 郡–面)의 3계층제를 근간으로 하였다. 일제는 1910년 한일합병 당시 한성부를 경기도 관할로 하여 전국을 13도로 구성하였고, 조선시대까지 특징에 따라 면 · 방 · 사로 불리던 행정기관을 면으로 통일하였다. 한편 1914년에 단행된 토지조사사업을 기반한 지방행정구역의 개편은 우리나라 지방행정구역의 기초를 형성하는 것으로, 13개 도를 기준으로, 317개의 군을 200

〈표 3-3〉 대한민국 건국이전 지방행정체제의 변천

시대	실시년도	지방행정계층				
		계층수	제1계층	제2계층	제3계층	제4계층
고려	1009-1413	4	경기, 5도, 양계	경, 목, 대도호부, 도호부	도호부, 군, 현, 진	군, 현, 진
조선	1413-1894 (갑오경장이전)	2	한성부, 개성부, 8도	부, 대도호부, 목, 도호부, 군, 현	면 · 방 · 사	동 · 리
	1895-1896 (갑오경장이후)	2	23부	군	면 · 방 · 사	동 · 리
	1896-1910	2	한성부, 13도	부, 목, 군	면 · 방 · 사	동 · 리
일제시대	1910-1930	3	13도	도, 군, 도	면, 보통면, 지정면	
	1931-1945	3	13도	부, 군, 도	읍, 면	

자료: 조성호(2008); 안용식(2007).

개 군으로, 4,322개 면을 2,521개 면으로 감축하였다(박기춘, 2009). 1915년부터는 도(道) 아래에 도제(島制)가 설치되었고, 1917년부터는 면(面)을 군(郡) 아래에 추가로 설치하여 1930년까지 운영하였다. 1931년부터는 읍(邑)제를 실시하였다.

2) 대한민국 건국이후의 지방행정체제 변화

건국 직후 1949년 지방자치법이 실시되기 이전까지 우리나라의 지방행정체제는 일제시대의 기본골격을 그대로 유지하였고, 대한민국 정부가 수립된 이후에도 최근까지 행정구역은 큰 틀은 유지한 채 부분적인 변화만을 시도하였다. 1948년 정부수립 당시 우리나라 남한의 행정구역은 1시 9도와 14부 133군으로 되어 있었다.[1)]

1) 서울시는 건국 직후인 1946년에 '서울특별시 설치에 관한 군정법령 제106호'에 따라 경기

1949년 8월 15일 지방자치에 대한 근거법인 지방자치법이 제정 · 시행됨에 따라 서울시를 서울특별시로 승격시켰고, 종전의 부(府)를 폐지하는 대신 시로 개칭하고 인구 5만 이상을 시로 하도록 하면서 인구 50만 이상의 시에는 구를 설치할 수 있도록 하였다. 1950년대 부산시는 특별시 지정을 추진하였으나 1962년 11월에 '부산시 정부직할에 관한 법률'을 통하여 부산직할시가 되었다. 이후 1980년대에는 대구 · 인천 · 광주 · 대전시 등이 직할시로 승격되었고 이들 직할시는 1995년 광역시로 명칭이 변경되었다.[2] 한편, 1988년에는 지방자치의 전면 부활을 전제로 자치구제를 도입함과 동시에 서울특별시의 과대(過大)구를 분구하여 5개의 구(송파, 중랑, 노원, 양천, 서초)가 신설되었다. 이후 1997년에는 울산시가 광역시로 승격되어 현재의 6개 광역시가 설치되어 있으며, 광역시에는 기초자치단체인 자치구가 설치되어 광역시-자치구의 2계층의 행정체제를 유지하고 있다.

1980년대는 고도 경제성장을 바탕으로 사회경제적 상황의 변화로 인해 대도시 이외 지역의 지방행정구역 개편도 빈번하게 이루어졌다(조성호, 2008: 163). 즉, 인구 5만 이상의 규모가 큰 읍과 도 직할 도시개발 출장소 지역을 시로 승격하였고, 지방의 작은 읍과 인구 2만 이상의 면 또는 군청소재지가 있는 면 등을 읍으로 승격시켰다. 위에 언급한 대도시의 자치구도 이 시기에 설치된 것이었다.

1994년 지방자치법은 도 · 농 복합 형태의 시를 새로이 도입, 시와 군을 통합한 지역이나 인구 5만 이상의 도시 형태를 갖춘 지역이 있는 군을 도 · 농 복합형태의 시로 할 수 있도록 하였다. 도 · 농통합의 형태는 직

도에서 분리 · 독립되었으며, 제주도를 도로 승격시켜 1시 9도 체제를 갖추게 된 것이었다.

2) 우리나라의 직할시와 광역시의 설치에 대해서는 정치과정의 산물이라는 지적이 있다(박기춘, 2009: 71). 이에 따르면 부산직할시의 탄생은 야당색이 강한 대도시를 회유하기 위한 정치과정의 산물이고, 직할시의 광역시 재편은 1995년 7월 민선지방자치단체장 선거를 앞두고 여당의 나눠먹기 자리만들기의 일환이었다는 것이다.

할시 · 군의 통합과 시 · 군 통합의 두 가지 방향으로 전개되었다. 우선 직할시 · 군의 통합은 3개의 직할시와 4개의 군간 통합으로 귀결되는데, 부산직할시는 기장군을 흡수하였고, 대구직할시는 달성군을, 인천직할시는 강화군과 옹진군을 흡수하여 완료하였다. 이와 함께 시 · 군 통합 유형의 도 · 농 복합형 행정구역 개편은 세 차례 걸쳐 이루어졌다(조성호, 2008: 164). 1995년 1월 제1차 개편에서는 총 47개의 시와 43개 군을 대상으로 통합을 시도한 결과 33개의 도 · 농 복합형 시가 탄생하였으며,[3] 이후 울산시와 광양시가 추가됨에 따라 모두 35개의 복합시가 탄생되었다.[4] 1995년 5월에 이루어진 제2차 개편에서는 지방자치단체가 협조 · 처리해야 하는 상하수도 · 교통 · 환경 등의 문제에 효율적으로 대처하고 도시와 농촌지역간의 균형 있는 발전을 도모하기 위한다는 취지 아래, 추가적인 시 · 군 통합과 시 · 군 및 자치구간 경계조정이 이루어졌다. 1, 2차 개편이 시와 군의 통합이었다면, 3차 행정구역 개편은 군 지역 전체가 시로 승격되는 것이었다. 개편 결과 시로 승격된 군은 경기, 이천, 파주, 용인, 충남, 논산, 경남 양산시이다.

가장 최근에 이루어진 지방행정체제 개편은 '제주특별자치도'의 설치이다. 제주특별자치도는 2006년 「제주특별자치도 설치 및 국제자유도시 조성을 위한 특별법」을 통하여 설치되었으며, 설치과정에서 광역자치단체인 제주도 하위의 기초자치단체인 제주시, 서귀포시, 북제주군, 남제주군이 폐지되고, 이들 지역에 행정시가 설치되었다.

이와 같은 역사적 변천을 거쳐서 발전해 온 우리나라의 지방자치계층은 고려시대 이후 기본적으로 2계층제(특별시, 광역시 - 자치구 / 도 - 시 · 군)의 근간을 유지하고 있다. 2단계의 자치계층 이외에 지방자치단체는

3) 구역개편을 위하여 총 47개 시와 43개 군에 주민의견조사를 실시한 결과 33개 시와 32개 군에서 통합에 찬성함으로써 33개 통합시가 출범하게 된 것이다.

4) 울산시의 시 · 군통합은 사실 광역시의 전 단계로 이루어진 것이다.

〈표 3-4〉 대한민국 건국이후 지방행정계층 변천내역

시대	실시년도	지방행정계층				
		계층수	제1계층	제2계층	제3계층	제4계층
건국이후	1949-1961	3	특별시, 도	시, 군	읍, 면, 동	
	1962-1988	3	특별시, 직할시, 도	시, 군	읍, 면, 동	
	1988-현재	4	특별시, 광역시*, 도 특별자치도	시, 군, 자치구	행정구 행정시	읍, 면, 동

* 1994년에 직할시는 광역시로 명칭이 변경되었다.
자료: 조성호외(2008); 안용식(2007).

그 업무를 분장하기 위하여 조례로 행정계층을 설치할 수 있도록 하고 있다. 이에 따라, 자치구에는 동을 두고 있으며, 군에는 읍 · 면을 두고, 시에는 동을 두고 있다. 또한 50만 이상의 시에는 동과 시 사이에 자치구가 아닌 행정구를 둘 수 있도록 하고 있으며 제주특별자치도에는 자치시가 아닌 행정시를 2개 설치하여 두고 있다.

제2절 주요국의 지방행정체제 일반현황

1. 미국의 지방행정체제

연방제를 채택하고 있는 미국은 주정부(State government) 관할하에 카운티(County)를 두고, 카운티 관할 하에 타운 · 타운쉽(Town, Township), 시티(City)나 빌리지(Village) 등을 두기 때문에 대체로 2계층제도를 취하고 있다. 경우에 따라서는 주정부도 지방정부라는 점에서 하나의 자치계층을 이룬다고 볼 수 있는데, 이렇게 보면 미국의 자치계층은 2 내

[그림 3-2] 미국의 지방행정체제 현황

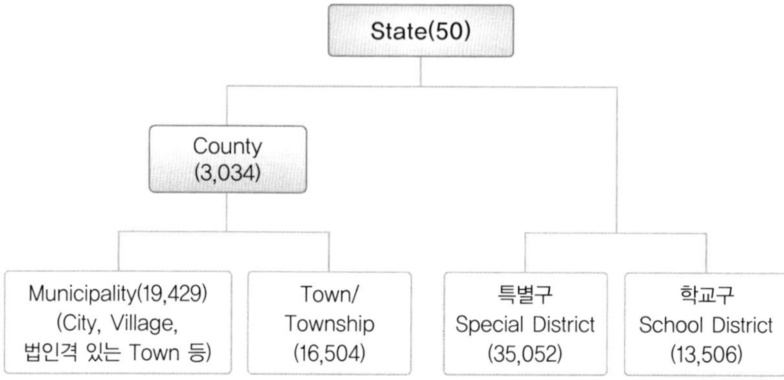

자료: 국회 지방행정체제개편특별위원회, 2006

지 3계층이 된다(이기우 등, 2009). 다만, 미국의 지방행정구역에는 학교구 등 수많은 특별행정구가 설치되어 있기 때문에 미국의 지방행정체제를 우리나라와 단순비교 하는 것이 쉽지 않다([그림 3-2] 참조).

미국의 지방정부는 주정부 산하에 업무를 위임받아 수행하는 보조기관으로서 광역지방정부인 County가 설치되어 있다. County는 주정부에서 가장 넓은 관할구역을 보유하고 있으며, 일부 New York, Boston, Denver, San Francisco 등 대도시는 County와 City 기능을 동시에 수행하고 있다. County 정부는 주로 출생 및 사망신고접수, 결혼관련 업무, 선거 및 보건업무, 쓰레기 매립장, 도서관, 공항 등 시설운영, 법원과 교도소 운영 등의 업무를 수행한다. County가 주정부의 업무를 수행하는 보조기관이면서도 지방자치단체의 지위를 갖는데, 이는 County의 집행부와 의원이 주민의 선거에 의하여 선출되기 때문이다. County의 정부형태는 다음 〈표 3-5〉에서 제시된 대로 크게 위원회형(Commission form), 의회 · 임명행정관형(Council-Administrator form), 의회 · 민선행정관형(Council-Elected Executive form)의 세 가지가 있는데 가장 많이 채택된 유형은 위원회형이다.

〈표 3-5〉 County의 정부형태별 채택비율

정부형태	채택비율	주민거주비율
위원회형	77%	49%
의회-임명행정관형	18%	31%
의회-민선행정관형	5%	20%

자료: 행정자치부, 선진국의 지방자치제도, 2000

카운티 정부형태 중 위원회형은 의회가 입법기능과 행정기능을 동시에 수행하는 기관통합형으로, 주민이 소선거구 또는 대선거구에 의하여 3-5명의 의원을 선출한다. 이 경우 지역주민은 의회의원 이외에 해정부의 업무를 수행할 선거직 공무원을 직접선출한다. 의회임명행정관형은 정책을 결정하는 의회는 소수인원으로 구성되고, 행정은 의회에서 임명하는 전문행정관이 담당하도록 되어 있다. 의회는 지방자치법령의 제정, 예산의 승인, 지방세부과, 전문행정관의 임명 등의 업무를 수행하고, 전문행정관은 지방자치법령의 집행, 공무원의 임명 및 업무의 집행, 감독, 예산안의 제출 등의 업무를 전담하여 처리한다. 의회임명행정관형은 전문행정관에게 얼마나 많은 권한을 부여하느냐에 따라 전문행정관의 권한이 가장 많이 부여된 Council-Manager 형태, 중간정도의 권한이 부여된 Chief Administrative Officer 형태, 가장 작은 권한이 부여된 Chief Administrative Assistant 형태로 구분된다. 의회민선행정관형은 기관대립형의 특성을 가지며 주민에 의하여 선출되는 민선행정관과 주민에 의하여 선출 · 구성되는 의회가 County 정부를 운영한다.

County 이외에 City와 County의 기능을 통합적으로 수행하는 City가 존재하는데, 뉴욕시가 대표적이다. 뉴욕시는 주민직선에 의하여 시장과 시의원을 구성하는데, City라는 명칭을 가지고 있음에도 산하에 Borough를 5개 두고 있다(Mangattan, Bronx, Staten Island, Brooklyn). 통상적으로 Borough는 자치헌장이 없고 시헌장의 규정을 적용받기 때문에 자치정부로 인정할 것인지 여부가 논란이 되기는 하지만, 보로의 의회의원을 해당 보로 지역의 주민이 직접 선출한 시의회의원이 겸직하고 보로의 장(Borough President)을 지역주민이 직접 선출하기 때문에 지방자치단체의 성격을 많이 가지고 있다. 한편 보로협의회(Borough Board)의 의장은 역시 관할구역 주민의 직접선거에 의하여 선출된 보로의 장이 맡도록 되어 있다.

우리나라의 기초자치단체에 해당되는 미국의 지방정부는 City, Boruogh, Town(Township), Village 등이다. 기초자치단체(지방정부)간 명칭상 차이가 있는 원인은 명백하지는 않지만, 공통적인 차이점으로 City는 인구가 비교적 많은 지방정부가 대부분이고, Borough, Town, Village 등은 인구가 비교적 적은 대도시주변 또는 농촌지역이 대부분이다. 지방정부의 정부형태는 크게 시장의회형(Mayer-Concil Form), 위원회형(Commission Form), 의회매니저형(Council-Manager Form), Town 전체회의형(Town Meeting Form)의 네 가지 형태가 일반적이다.

시장의회형 정부형태는 지방정부에서 가장 많이 채택하고 있는 것으로, 다시 강시장-의회형, 약시장-의회형, 행정관이 있는 강시장-의회형으로 구분된다. 강시장의회형은 시장과 의회의원을 주민이 직접 선출하는 기관대립형 기관구성형태를 띤다. 약시장의회형은 시장과 시의회의원을 주민이 직접 선출하되, 시장이 의회의장을 겸하는 기관협조형 기관구성을 가진다. 행정관이 있는 강시장-의회형의 경우 강시장의회형의 기관대립형 기관구성형태에서 시장에 대한 행정업무에 대한 부담을 덜고 정치 및 정책결정에서 리더쉽을 발휘할 수 있도록 별도의 전문행정관을 두는 형태이다.

위원회형의 경우 주민직선의 의원으로 구성되는 합의체 위원회가 의회와 집행부서를 겸임하는 기관통합형의 구성형태를 띠며, 단체장은 위원회의 대외적인 대표로 위원 중 호선되고, 위원은 집행부의 국장을 겸하고 있으면서 단체장도 위원으로서 한 부서의 장을 겸직할 수 있다. 이 형태의 지방정부는 전체 지방정부의 3% 이하의 소수지역에서 채택되어 있으며, 점차 폐지되어 가고 있다.

의회지배인형의 경우 단체장이 의회의 장을 겸임하는 기관협조형 기관구성 형태로 의회가 선임하는 행정전문가인 시지배인에게 단체장의 모든 행정권한을 위임하여 처리한다. 이 유형에서 시장은 지방자치단체의 대표로서의 의례적인 역할만을 수행하며, 주민직선인 경우도 있으나 대개의 경우 의회 의원 중 선출한다.

Town 전체회의형은 지역주민이 모두 참여하는 직접민주주의의 형태로, 매년 Town의 최고 의결기구인 Town Meeting 회의를 개최하여 지역내 선거 등록을 한 모든 유권자가 회의에 참여하여 주요 정책을 결정하게 된다. Town의 운영은 대개 1년 임기인 Selectmen이라 부르는 행정위원을 선출하여 정부운영의 책임을 부과한다.

2. 영국의 지방행정체제

영국의 지방자치행정체제는 2계층제를 근간으로 하고 있으면서, 준지방자치단체를 포함하면 3계층으로 이루어져 있다. 다만, 특정 자치단체의 구역에 따라서는 단일의 자치계층만 있는 경우도 있고, 2계층의 혼성체제가 관할하는 구역도 있다. 따라서 영국의 지방행정체제는 혼합계층제(mixed-tire system)의 대표적인 국가이다. 런던광역권과 잉글랜드 비도시지역은 각각 ‘런던광역시(Greater London Authority)–버러(Bouroughs)’, ‘카운티(County)–디스트릭트(District)’의 2계층(Two tier)인 반면, 잉글랜드의 광역도시권과 통합시(Unitary Authoritiy) 지역 및 웨일즈, 스코틀랜드, 북아일랜드 지역은 단일 행정계층(Single tier)으

[그림 3-3] 영국의 지방행정체제 현황[5)]

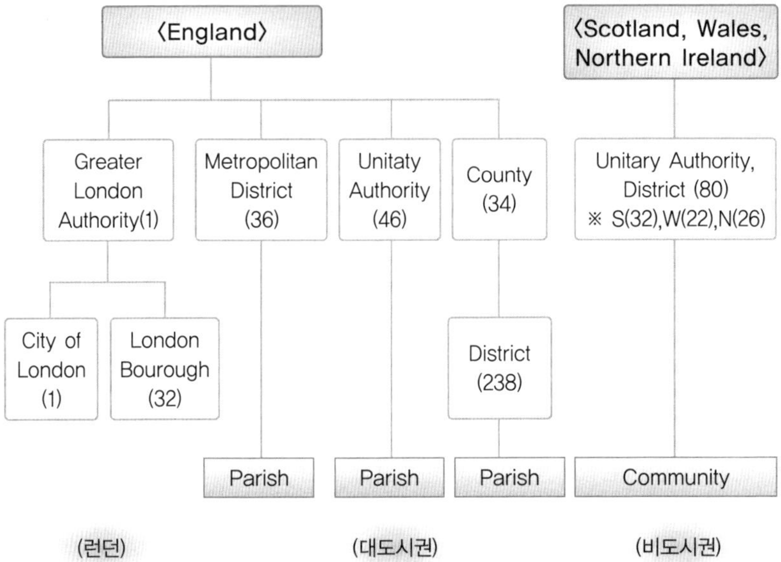

자료: 국회 지방행정체제개편특별위원회, 2006

로 되어 있다. 그리고 잉글랜드 비도시지역의 경우 농촌지역을 중심으로 일부 행정서비스를 제공하고 있는 파리쉬(Parish), 타운(Town), 커뮤니티(Community) 등 준지방자치단체(Sub-Principal Authorities)가 있어 경우 혼합계층인 3계층 구조로 볼 수도 있다([그림 3-3] 참조).

기본 지방자치단체의(Principal Authorities) 종류는 우리나라의 광역자치단체에 해당하는 런던광역권의 런던광역시와, 잉글랜드 비도시권 지역의 카운티(County)가 있으며, 광역자치단체 권역내에서 일정 지역 주민들에게 상급 자치단체와 행정서비스를 분담하여 제공하는 기초자치단체 성격의 버러(Bourough), 디스트릭트(Distrct) 등과 영국의 독특한 지방자치단체 유형으로 광역 및 기초자치단체의 행정서비스를 모두 제

5) Wilson & Game, *Local Government in the United Kingdom*, 2006(임채원 역) 참조.

공하는 단일계층의 통합형 자치단체인 통합시(Unitary Authority)와 광역도시 디스트릭트(Metropolitan district)가 있다.

우선, 광역 지방자치단체인 런던광역시(Great London Authority)는 2000년 7월에 출범하였으며, 면적 1,584㎢, 인구 750만명의 런던시 전역을 관할하면서, 교통, 경찰, 소방 및 비상계획, 도시 전략계획, 에너지 정책 등의 기능을 수행하고 있고, 카운티(County)는 잉글랜드 지방의 비도시권 지역에 관할인구 50만~150만 규모로 설치되어 있으며, 교육, 사회서비스, 교통, 소방, 지역전략계획, 소비자보호, 쓰레기 처리, 환경보전, 도서관 운영 등의 기능을 수행한다. 총 34개가 설치되어 있다.

기초자치단체를 관할하는 광역지방자치단체 이외에 단일통합형 지방자치단체인 광역도시 디스트릭트(Metropolitan district)는 1986년 맨체스터, 버밍햄, 리버풀, 셰필드, 리드, 뉴캐슬 등 대도시 카운티(Metropolitan County)가 해체되면서, 권역내 기초 자치단체가 광역기능까지 흡수하여 통합적으로 행정서비스를 제공하기 위하여 설치되었고, 자치단체간 통합(광역-기초 또는 기초-기초간)을 통해 기존 광역 및 기초자치단체의 기능을 통합적으로 수행하기 위하여 통합시(Unitary Authority)가 설치되어 있다.

기초 자치단체로 런던광역권의 관할구역에 설치된 런던 보로(London Borough)는 런던광역시 내에 런던시티 도시법인(City of London)을 포함하여 33개가 설치되어 있으며, 1986년 광역런던의회(GLC, Greater London Council)가 해체되면서 통합자치단체의 역할을 수행했으나 2000년 런던광역시 출범으로 기능을 분담하여 교육, 주택, 사회서비스, 지방도로, 도서관 및 박물관, 쓰레기 수거, 환경보전 등의 서비스를 제공하고 있다. 디스트릭트(District)는 각 카운티 구역내에 인구 약 10만명 규모로 4~14개 정도씩 설치되어 있으며, 지역계획, 주거, 지방도로, 건축규제, 환경보전, 쓰레기 수거 등의 기능을 수행하고 있다(〈표 3-6〉 참조).

〈표 3-6〉 영국의 지방자치단체 유형별 기능배분[6]

	광역도시권/런던				비도시권/통합자치단체		
	공동 행정 관청[7]	광역도시 디스트 릭트	런던 광역시	런던버러	카운티	디스트 릭트	통합시
교육		●		●	●		●
주택		●		●		●	●
전략계획		●	●	●	●		●
지역계획/개발규제		●		●		●	●
도로관리/교통규제		●	●	●	●	●	●
대중교통	●		●		●		●
고속도로		●		●	●		●
소방/구조구급	●		●		●		●
사회복지		●		●	●		●
도서관/미술관		●		●	●		●
레저/레크레이션		●		●	●	●	●
쓰레기 수거		●		●		●	●
쓰레기 처리	●	●	●	●	●		●
환경관리							
지방세 징수		●		●		●	●
선거관리		●		●		●	●

영국의 지방행정체제에는 다른 나라의 지방행정체제와 달리 준지방자치단체(Sub-Principal Authorities)가 많이 설치되어 있다. 준지방자치단체는 과거 영국 국교의 교구제도에 기원을 둔 자치 행정조직으로 소도읍(town) 이나 농촌지역을 중심으로 잉글랜드 지역은 주민직선의 파리쉬 의회(Parish Council) 또는 타운 의회(Town Council), 웨일즈와 스코틀

6) Wilson & Game, *Local Government in the United Kingdom*, 2006(임채원 역); 행정안전부, 2009년 자료 참조.

7) 공동행정관청(Joint Authority)은 두 개 이상의 지방자치단체에 걸쳐서 특정 공동사무를 처리하기 위해 설치된 기관을 말함.

랜드 지역은 커뮤니티 의회(Communities Council)가 설치 · 운영되고 있다. 준 지방자치단체는 현재 영국 전체 인구의 약 1/3 정도를 관할하고 있으며, 잉글랜드에는 8,700개 정도의 파리쉬 의회가 있고, 스코틀랜드와 웨일즈에는 각각 1,150개와 900개 정도의 커뮤니티 의회가 운영되고 있다. 파리쉬 의회의 주요기능은 마을회관의 유지 · 관리, 여가시설 및 어린이 놀이시설의 설치 · 운영, 가로등, 주차장 등 지역교통시설 관리, 지역계획수립 등에 대한 주민 의견수렴 및 대변 등이다. 파리쉬 의회는 주민 직선으로 선출한 5~20명 정도의 의원들로 구성되어 있으며, 행정직원은 회계담당직원 1명 또는 의회운영 지원을 위한 10명 내외의 소규모 인력을 두고 있는 경우가 대부분이고 예산은 의회의 활동에 따라 전혀 없거나 백만파운드(약 20억원)가 넘기도 하는데, 재원은 수수료 · 서비스 이용료 또는 부가세(Precepts) 징수를 통해 조달하고 있다.

3. 프랑스의 지방행정체제

프랑스 본토의 지방행정체제는 자치계층으로서 가장 상위의 레지옹(Region, 21개),[8] 지방행정의 기본단위인 데파르뜨망(Department, 100개), 가장 하위의 꼼뮨(Commune, 36,779개)이 설치되어 있어 3계층의 지방정부가 있다. 프랑스의 자치계층은 한국보다 1계층이 많다고 볼 수 있는데(배준구, 2004: 58), 종래에는 데파르뜨망, 꼼뮨의 이층제였으나 1982년 지방분권개혁을 위한 지방자치법의 개정으로 레지옹이 지방자치단체서 법적지위를 인정받아 3계층이 되었다.[9]

8) 프랑스 본토 이외에 설치된 레지옹의 수를 포함하면 프랑스 전체의 레지옹은 26개이다.

9) 프랑스 1982년 지방자치법 개정의 주요 내용은 행정안정부, 2000, 선진외국의 지방자치제도(1), pp.166-172를 참조.

레지옹은 1982년 지방분권이후 설치되었고, 평균 2,500,000명의 인구로 구성되며, 국가행정단위이면서도 지방자치단체의 지위가 부여되어 있다. 레지옹은 국가경제계획 및 지역경제 계획분야의 업무, 국토개발계획분야의 업무, 대중교통분야 업무, 교육분야 업무, 지역경제활성화 분야의 업무를 주로 담당한다.

데빠르뜨망은 본토에 96개가 설치되어 있는데, 국가 지방행정의 기본단위이면서 법인격이 있는 지방자치단체의 지위를 가지고 있다. 데빠르뜨망은 건설교통부문의 업무로 관할구역의 도로유지와 관리, 대중교통체계와 학생수송, 상업항구 등을 통합관리하고 있으며, 국토계획과 관련하여 레지옹과 데빠르뜨망의 개발계획, 꼼뮨간 국토개발, 도시개발계획기준 등의 업무를 수행한다. 사회복지부문에 있어서도 사회부조, 모자복지, 장애인, 의료부조, 보건의료 등의 업무를 수행하며, 교육문화부문에서는 중학교, 청소년기술학교 교육, 도서관관리, 문화유산보호, 축제 및 관광사업의 업무를 담당하고 있다.

꼼뮨은 본토에 36,564개 설치되어 있는 가장 하위의 자치행정기구이다. 프랑스의 꼼뮨은 1982년 지방자치법 실시이전에는 중앙정부의 감독

[그림 3-4] 프랑스의 지방행정체제 현황

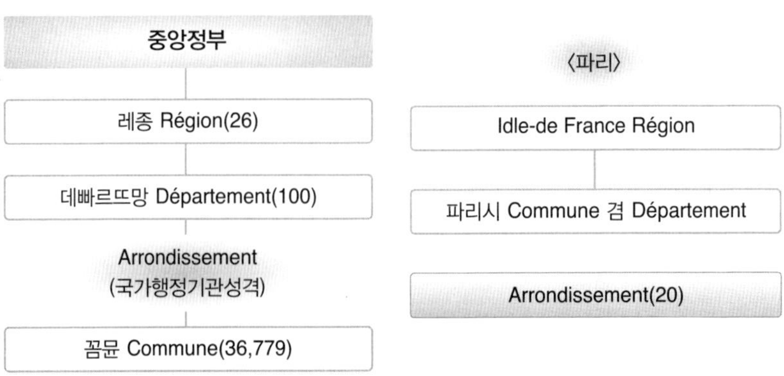

자료: 국회 지방행정체제개편특별위원회, 2006

을 받고 있었으나, 1984년 법령에 의해 정치, 사법, 재정적인 독립성이 보장받게 되었고, 꼼뮨 내부에 속하는행정사항들은 의회의 자율적인 결정에 따라 수행되었다. 꼼뮨의 의원은 직접 · 보통선거에 의하여 선출되고, 꼼뮨의 행정책임자는 주민에 의하여 선출된 의회 의원들에 의해 선출된다. 꼼뮨의 단체장은 고유의 법규제정권을 가지고 있다. 꼼뮨은 일반적 행정사무와 민원, 선거관리, 경찰, 주민복지, 도로관리 및 탁아소 등 교육행정, 도시계회행정 등 영속적 행정사무를 수행한다. 한편 이양행정사무로 도시계획분야, 교육 및 문화활동분야, 경제활성화 분야에서 다양한 사무를 이양받아 수행하고 있다.

프랑스는 지방자치단체 기관구성에서 기관통합형을 근간으로 하고 있다. 따라서 지역주민에 의하여 직접 및 보통선거에 의하여 지방의회 의원이 선출되고, 지방의회 의원의 선거에 의하여 의회의장인 단체장과, 의회부의장인 부단체장이 선출된다. 따라서 프랑스는 의장겸직의 단체장을 포함한 지방의회가 자치단체의 모든 권한을 보유하고 있으며, 행정의 궁극적인 책임을 진다.

4. 독일의 지방행정체제

연방국가로서 독일은 구서독의 11개주와 구동독의 5개주, 총 16개주로 구성되어 있다. 주 정부는 헌법에 명시된 연방정부의 행정사무를 제외한 모든 사무를 관장하면서 산하에 우리의 광역자치단체에 해당하는 크라이스 · 자치시와 기초자치단체에 해당하는 게마인데를 둔다. 따라서 독일의 지방행정체제는 2계층을 근간으로 하지만 주를 계층에 포함할 경우 주정부 – 크라이스 – 게마인데로 한국보다 1계층이 더 많다([그림 3-5] 참조).

[그림 3-5] 독일의 지방행정체제 현황

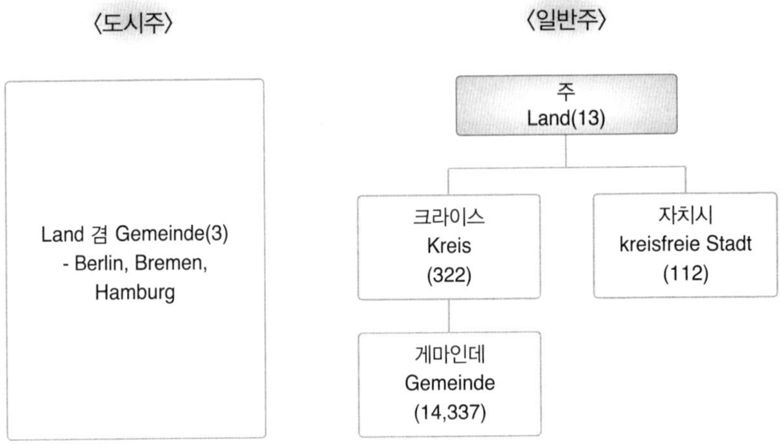

자료: 국회 지방행정체제개편특별위원회, 2006

독일의 경우 각 주마다 자치단체의 기관구성이 상이하고 지역의 여건에 맞게 다양한 기관구성의 형태를 가지고 있다. 자치단체 기관구성의 형태는 크게 이사회회형, 시장형, 북독일의회형, 남독일 의회형의 4가지 형태의 구분이 있다.[10]

게마인데의 경우 광범위한 지방자치권한이 부여되어 있으며, 중앙정부의 감독과 통제는 최소한에 그친다. 게마인데에는 의회가 설치되어 있으나 주민총회가 있는 경우 의회의 지위를 대신한다. 크라이스는 상급자

---

10) 이사회형은 시민의 선거에 의하여 의회가 구성되면 의회에서 선거를 통하여 이사회를 선출하고 이사회의 의장이 자치단체장을 겸하는 형태를 띠고 있다. 시장형은 시민의 선거에 의하여 지방의회가 구성되면 지방의회의 선거에 의하여 시장이 선출되고 시장이 지방의회의 의장을 겸직하게 된다. 이 경우 부시장 또한 지방의회의 선거에 의하여 선출된다. 북독일의회형은 시민의 선거에 의하여 의회가 구성되고 의회의 선거에 의하여 의회의장을 겸하는 시장이 선출된다. 다만, 행정부서의 사무총장은 의회가 선거에 의하여 선출하되, 시장의 기능과 구별된 기능을 담당하며, 의회는 집행부보다 우월한 위치를 차지하게 된다. 남독일의회형은 의회의원과 시장 모두를 시민이 선출하고, 시민이 선출한 시장이 의회의 의장을 겸임하게 된다. 남독일의회형은 강력한 시장형 조직체계를 가지면서도 기관대립형 제도가 특징이다(행정자치부, 2000).

치단체로서의 법적지위와 국가의 지방행정단위로서의 성격을 모두 가지고 있다. 이는 우리나라의 지방자치단체가 국가의 행정을 일선에서 종합적으로 수행하는 지위를 가지고 있는 경우와 유사하다.

결과적으로 독일의 지방자치계층은 제도적으로 한국보다는 1-2 계층이 더 많게 구성되고 있다고 할 수 있다(이기우 등, 2009). 다만 도시국가인 브레멘, 베를린, 함부르크는 국가인 동시에 기초지방자치단체(Gemeinde)로서 지위를 가지며, 이들 도시국가는 내부의 준자치계층인 구역(Bezirk)으로 구성된다.

5. 일본의 지방행정체제

일본의 자치계층은 한국의 2계층구조와 마찬가지로 광역자치단체격인 도도부현과 기초자치단체격인 시정촌의 2계층으로 이루어져 있다. 시(市), 정(町), 촌(村)을 포괄하는 광역자치단체인 도도부현은 현재 1도(都), 1도(道), 2부(府), 43현(縣)으로 이루어져 있다. 시정촌의 경우 782시(지정도시 포함), 823정, 195촌(2007년 10월 1일 현재)이 존재한다. 도도부현과 시정촌은 대등한 지방공공단체로 도도부현은 광역행정사무를, 시정촌은 주민과 밀접한 사무를 담당하며 양자는 이를 분담 · 협력해 지역의 행정사무를 행하고 있다([그림 3-6] 참조).

광역자치단체 격인 도도부현은 인구 1,000만명 이상으로 구성된 동경도, 60만명으로 구성된 도토리현 등 그 편차가 다양하게 이루어져 있다. 시는 인구의 도시집중으로 나타난 급속한 도시화에 대응하기 위하여 일반시에 비해 특례를 부여한 지정시, 중핵시, 특례시 제도를 도입하고 있다. 이들 특례시는 인구규모에 따라 지정시(인구 50만 기준), 중핵시(30만 기준), 특례시(20만) 제도가 있는데, 이들 자치단체는 광역지방자치단체

[그림 3-6] 일본의 지방행정체제 현황

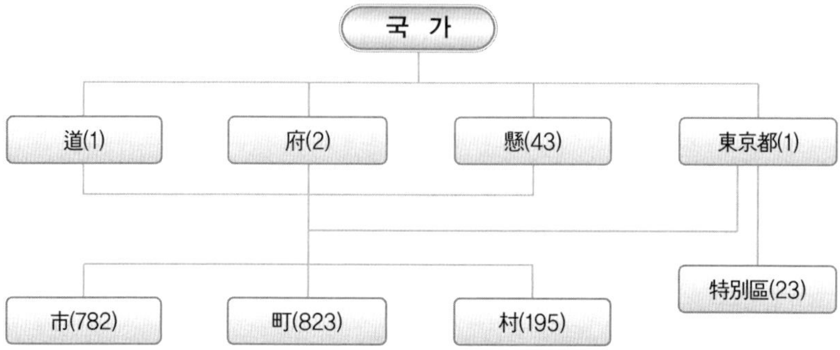

자료: 국회 지방행정체제개편특별위원회, 2006 수정

인 도도부현이 갖는 권한의 일부를 이양받아 처리하도록 되어 있다.

시 중에서 정령으로 지정한 인구 50만명 이상의 시를 지정도시라고 하며 대도시 문제에 대처하기 위해 일반시와 다른 특례조치가 인정되고 있다. 현재 오사카(大阪), 나고야(名古屋), 쿄토(京都), 요코하마, 코베(神戶), 키타규슈(北九州), 삿포로(札幌), 카와사키(川崎), 후쿠오카(福岡), 히로시마(廣島), 센다이(仙台), 치바, 사이타마, 니이가타(新潟), 시즈오카(靜岡), 하마마츠(浜松), 사카이(境) 17개시(2007년 4월 1일 현재)가 지정되 있다. 한편, 정령에서 지정한 인구 30만 이상의 시를 중핵시라하며 지정도시가 처리 가능한 사무 중 都, 道, 府, 縣이 일괄적으로 처리하는 것이 효율적인 사무를 제외한 업무를 행할 수 있다. 현재 35개시(2007년 4월 1일 현재)가 지정되 있다. 그리고, 정령에서 지정한 인구 20만 이상의 시를 특례시라하며 중핵시에 이양된 사무의 일부를 처리할 수 있다. 현재 44개시(2007년 4월 1일 현재)가 지정되 있다.

광역자치단체로 설치된 동경도(都)는 다른 광역자치단체와 구별되는 체제를 가지고 있다. 동경도는 관할구역 내에 일반기초자치단체인 39개의 시 · 정 · 촌이 설치되어 있으며, 일반기초자치단체와 달리 특수한 형태의 자치단체의 지위를 가지고 있는 23개의 특별구가 설치되어 있다.

특별구는 인구가 고도로 밀집된 대도시 지역의 행정 일체성 및 통일성을 확보하기 위해 특별한 대도시의 제도하에 설치되는 지방공공단체이다. 즉, 광역지방공공단체인 도가 시의 사무의 일부를 처리하고 시 · 정 · 촌의 세금의 일부를 도가 부과 징수하는 것 외에 도의 구 및 구 상호간의 재정조정이 이루어진다. 동경도 의회는 도 관할내 42개의 선거구에서 직접 선거를 통하여 선출된 127명의 도의원으로 구성된다. 특별구의 구청장과 구의원은 일반적인 기초자치단체의 시정촌과 마찬가지로 주민의 직접선거에 의하여 선출된다.

제3절 지방행정체제의 국가간 비교

1. 지방자치계층 비교

각국 자치계층의 현황을 우리나라의 자치계층과 종합적으로 비교하면 다음 〈표 3-7〉과 같다. 전체적으로 보면 자치계층은 2계층이 일반적이고, 경우에 따라서는 3계층으로 구성되거나(프랑스), 준자치단체적인 성격을 띠고 있는 경우를 포함하여 준3계층으로 구성된 경우도 있다. 한편, 독일과 미국과 같은 연방주의 국가에서는 연방정부 이외에 주정부-광역정부-기초정부의 구조로 되어 있는데, 이 경우 이들을 자치계층으로 볼 수 도 있다. 즉, 지방자치단체와 성격이 다른 독립적인 '주' 정부로 간주할 수 있다. 그러나 주의 자치계층 인정 여부를 떠나서라도 우리나라의 지방자치단체를 포함, 본 연구에서 검토한 대부분의 지방자치단체는 2계층으로 구성된 것이 일반적이다.

다만, 자치계층의 구조가 2계층이나 3계층 혹은 준3계층의 지방자치

〈표 3-7〉 각국 지방자치행정체제의 종합적 비교

구분	자치 계층수	주 (연방제)	1계층	2계층	3계층	4계층
한국	2	-	시도	시군구	읍면동/일반구	읍면동
일본	2	-	도도부현	시정촌	지소 · 출장소/구	지소 · 출장소
영국	1-2 (3)	-	County Unitary Authority Metropolitan District GLA	District City of London London Bourough	Parish	
프랑스	2-3	-	Region Idle-de France Region	Departement Parish	Arrondissement Arrondissement	Commune
독일	2	주* (Land)	Kreis	Gemeinde		
미국	2	주** (State)	County	Municipality/ City, Town, Village		

자료: 국회 지방행정체제개편 특별위원회, 2006, 수정
* 도시주(Berlin,Bremen,Hamburg)는 Land 겸 Gemeinde 지위보유
** Special Districts(35,052), School Districts(13,506) 등을 광범위하게 운영

행정체제를 가지고 있더라도 자치단체의 특성에 따라서는 개별국가 내에서도 광역-기초의 2계층의 관할구역이 있는 국가도 있었고(한국, 일본, 독일, 프랑스 일부 자치단체), 광역을 중심으로 하면서 관할구역내 기초자치단체 없이 준자치단체만으로 구성된 자치단체도 설치되어 있었다(영국의 일부 도시형 지방자치단체).[11]

11) 이 경우 2계층과 1계층이 혼재한 혼합계층형에 해당된다.

2. 지방자치구역의 규모 비교

지방행정체제 개편 논의에서 각국의 계층의 수와 함께 가장 많이 언급되는 것이 자치구역의 규모에 대한 국가간 비교이다. 횡단면적 차원에서 자치단체간, 국가간 규모를 비교할 경우 우리나라 자치단체의 구역과 규모의 수준이 파악되고, 우리나라 지방행정구역 개편을 위한 방향을 제시할 수 있기 때문이다.

아래 〈표 3-8〉에는 기초자치단체를 기준으로 주요국과 우리나라의 평균규모를 비교하고 있다. 우리나라의 기초자치단체의 수는 비교대상인 프랑스, 독일, 미국, 일본, 영국에 비해 많다. 우리나라의 지방행정체제와 가장 유사한 일본의 기초자치단체의 수는 우리나라의 기초자치단체 수에 비해 5배 이상 많고, 자치단체의 평균인구를 기준으로 할 경우 우리나라가 일본의 기초자치단체에 비해 약 3배 가량 많다. 또한 기초자치단체의 평균면적의 경우 우리의 1/2 수준으로 보고된다. 우리나라를 포함한 6개 국가의 기초자치단체 규모를 비교하면 우리나라의 평균인구가 가장 많고 평균면적도 가장 넓은 것이다.[12)]

〈표 3-8〉 주요국과 우리나라 기초기초자치단체의 평균 규모 비교

구 분	기초정부 수(개)	기초정부 평균인구(명)	기초정부 평균면적(km2)
프랑스	36,763	1,743	15
독일	14,805	5,452	24
미국	39,006	6,623	240
일본	1,772	67,313	210
영국	433	128,061	560
한국	230	210,870	423

자료: 안성호, 2009.

기초자치단체 수준에서 우리나라의 지방자치단체의 규모와 자치계층을 주요국들과 종합적으로 비교하면 다음 [그림 3-7]과 같이 제시된다. 종합적으로 볼 때 우리나라의 자치계층은 세계적인 추세에 맞추어 2계층제를 유지하고 있음을 확인할 수 있다. 그러나 기초자치단체의 평균인구를 기준으로 한 자치단체의 규모는 비교대상인 주요국의 기초자치단체

[그림 3-7] 한국과 주요국간 자치계층 및 기초자치단체 구역 비교

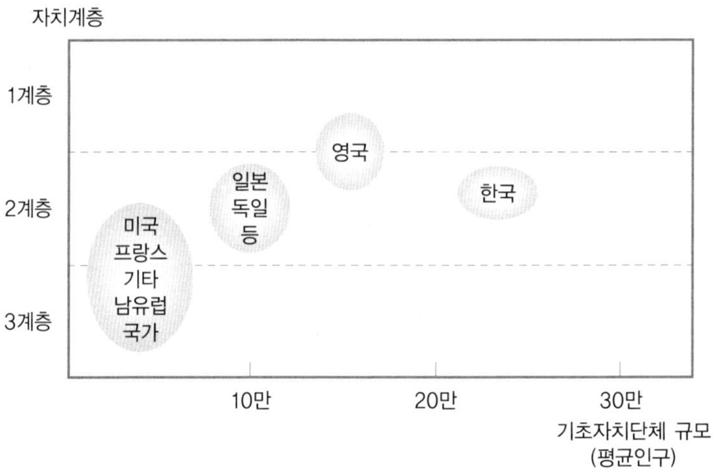

자료: 안성호(2009)의 자료를 토대로 수정

12) 이 연구에서 주로 비교한 주요국 이외에 서구 국가들의 기초정부 수와 평균인구, 평균면적을 우리나라와 비교해도 우리나라의 기초자치단체의 규모가 인구는 많고, 면적은 작다는 점을 확인할 수 있다.

구분	기초정부 수(개)	기초정부 평균인구(명)	기초정부 평균면적(km^2)
스위스	2,715	2,762	15
스페인	8,109	4,998	62
이탈리아	8,104	7,040	37
핀란드	416	12,620	713
스웨덴	290	31,240	1,417
덴마크	98	56,127	433
한 국	230	210,870	423

에 비해 월등히 크다는 점을 확인할 수 있다.

이러한 분석결과는 우리나라의 지방행정체제 개편논의에 대하여 다음과 같은 두 가지의 시사점을 제공한다. 우선, 주요국의 자치계층 수준과 관련하여 우리나라는 적어도 주요국과 유사한 2계층의 구조를 가지고 있는 것이다. 따라서 계층구조를 감소시켜 2계층제를 단층제로 개편하는 방식의 지방행정체제 개편은 적어도 주요국의 자치계층의 경향을 따르지 않는 것이다. 둘째 우리나라 기초자치단체의 구역 규모는 인구와 면적 모두 큰 수준이다. 따라서 기초자치단체 개편시 횡단면적 비교대상 국가들의 경향을 따른다면 통합보다는 분할이 적합하다. 즉, 기초자치단체인 시군간 획일적인 통합은 외국의 기초자치단체의 규모추세에 어긋나는 것이다.

제 4 장 지방행정체제 개편 사례

제1절 우리나라의 지방행정체제 개편

우리나라의 자치계층 및 구역 개편사례는 크게 세 가지가 있다. 첫째는 기존의 '도' 지역의 관할에서 기초자치단체 이던 '시'를 '직할시(현재 광역시)'로 승격시켜 새로운 유형의 광역지방자치단체를 설치한 것이다. 이는 기초자치단체 차원에서 보면 계층의 승격이 되지만, 광역차원에서 보면 대도시지역을 농촌 및 도시 주변부 지역과 분리하는 구역의 분할에 해당된다. 둘째는 동일수준의 기초자치단체이지만 성격이 다소 다른 '시'와 '군'을 통합하여 도농(都農)복합시를 설치한 것이다. 이 경우 도시자치단체와 농촌자치단체간 구역의 통합에 해당된다. 세 번째의 유형은 제주도 지역의 특수성을 고려하여 광역자치단체인 '도'의 관할 하에 있던 '시 · 군'을 폐치하여 2계층의 지방행정계층을 1계층으로 개편한 제주특별자치도의 설치이다.

1. 새로운 유형의 지방자치단체 설치: 광역시(직할시)

우리나라에 설치되어 있는 광역시제도는 대도시 행정의 특수성에 대처해 나가기 위한 일종의 특별행정구역제도로 지방자치제 실시 이전의 직할시 제도의 행 · 재정적 특수성과 구역을 이어받아 자치단체장과 의회를 주민의 선거에 의하여 선출하도록 한 지방자치단체이다(강병수 외, 2005). 따라서 광역시 제도는 도시행정의 특수성을 이유로 도의 관할권에 대한 예외를 인정하여 특별한 지위를 부여한 것이라고 볼 수 있다(이기우 등, 2009: 7).

우리나라의 광역시는 1994년 12월 20일 지방자치법(법률 제4789호) 개정을 통하여 직할시로 불리던 광역자치단체의 명칭을 광역시로 변경하면서 지방자치단체의 유형으로 등장하였다. 1994년 개정 지방자치법은 기존의 직할시라는 명칭이 1995년부터 본격적으로 시행될 지방자치 시대에 걸맞지 않는다는 이유로 직할시라는 명칭 대신 광역시라는 명칭을 사용하였는데, 광역시의 법적 지위는 명칭변경 이전인 1988년 지방자치법 개정을 통하여 지방자치법의 규율을 받는 정식의 광역자치단체의 지위를 확보하게 되었고, 직할시의 관할구역 안에는 지방자치단체인 자치구를 두어 직할시-자치구의 2단계의 행정계층으로 구조화 하였다.

설치된 직할시 중 1995년 도농 통합과정에서 부산직할시는 기장군을, 대구직할시는 달성군을, 그리고 인천직할시는 강화군과 옹진군과 통합하였다. 직할시의 경우 인구규모에 비해 면적이 협소하여 용지난으로 인해 택지개발, 공단조성 등 도시지역을 지속적으로 개발하는데 한계에 봉착했기 때문에, 투자재원에 여력이 있으나 추가적으로 개발할 여유분의 토지가 필요했기 때문이다(조성호 외, 2008). 통합과정에서 군은 통합에 따른 각종 서비스혜택과 지가상승 등을 기대하였기 때문에 큰 마찰은 발생하지 않았다. 울산광역시의 경우 1995년 기초자치단체였던 울산시가 울주군과 통합한 후 1997년 울산광역시로 승격되어 현재 부산, 대구, 인천, 광주, 대전, 울산 광역시가 설치되어 있다.

우리나라의 광역시제도 도입을 둘러싼 역사적 발전과정의 특징은 그다지 긍정적이지 못하다. 일반적으로 아래와 같이 종합된다(강병수 외, 2005). 첫째, 직할시제도의 도입은 지극히 정치적 배경을 지니고 있으며,

지방자치법의 개정을 통하여 이루어지지 않고 개별적인 특별법으로 직할시제도를 전격 도입하였다. 둘째, 지역에 대한 정치적 배려를 배경으로 도입되었다. 산업화시대 대도시를 중심으로 집중투자하여 경제를 발전시킨 다음 중소도시까지 파급 효과를 확산시키기 위하여 도를 거쳐 중앙정부가 간접적으로 관할하는 것 대신 직할시를 지정하여 중앙정부가 도를 거치지 않고 직접 관할하는 자치단체를 신설한 것이다. 이 과정에서 대도시를 일반도시와 구분함으로써 대도시 주민의 심리적 만족감을 충족시키려는 배려 또한 가미되었다.

2. 기초자치단체간 구역개편: 시 · 군통합을 통한 도농(都農)복합시 도입

1) 시 · 군통합을 통한 도농(都農)복합시 탄생의 배경과 목적

1995년부터 추진된 도농통합은 행정구역 설정에서 분리형 정책이 통합형 정책으로 전환됨을 의미한다(박종관, 2000). 우리나라에서 시군통합의 논의는 지방자치단체장 선거를 앞둔 1994년 1월부터 본격적으로 이루어졌는데, 지방자치제 정착 이후 행정구역개편이 어려워질 것이고, 우루과이라운드라는 국제 무역질서 재편에 따른 농촌지역의 국제경쟁력을 향상시키기 위해서는 시군을 통합해야 한다는 논리가 설득력을 갖게 되어 1994년 3월 지방자치법을 개정하여 시군통합의 법적 근거가 마련되었다(김광식, 1995).

시군통합 논의 과정에서 가장 유력하게 제기된 이론적 배경은 도시지역인 시와 농촌지역인 군을 공간적으로 접근시켜 양 지역이 가지고 있는 비교우위 기능을 상호 교환 내지 보완하여 (대)도시화로 인하여 발전이

지체된 지방의 중소도시와 배후지역을 개발하고 발전시키려는 것으로(홍준현, 2005), Friedman과 Douglas의 도농지구개발 모델에서 기원하고 있다(한국지방행정연구원, 1996). 그동안 우리나라는 성장거점위주의 개발방식을 지향하여 거점지역을 집중적으로 개발한 뒤 그 효과를 다른 지역에 까지 미치게 하여 성장의 범위를 확대시키고자 하는 의도가 있었으나(박지형 외, 2007), 시간이 지나면서 도농 및 지역간 발전 수준의 격차라는 문제와 농촌지역의 경쟁력 약화라는 문제가 발생하게 되어 이에 대한 조정을 구역개편을 통하여 달성하고자 한 것이다.

이러한 이론적 배경을 토대로 시군통합을 통한 도농복합시의 설치 목적으로 제시되는 것은 다음과 같다(한국지방행정연구원, 1996; 박지형 외, 2007). 첫째, 지역의 균형발전이다. 이는 생활권이 같은 시와 군지역을 인위적으로 분리한 결과 군지역으로 하여금 시에게 구심점을 빼앗겨 지속적으로 인구가 감소되고 결국 자치단체의 기반 약화와 함께 경제와 산업수준의 저하, 지방세원의 약화 등 행정역량의 약화를 초래한 과거의 도농분리형 행정구역 체제를 시군통합을 통하여 시정하고자 한 것이다.

둘째, 광역행정의 원활한 수행이다. 광역행정 과정에서 생활권이 유사한 군과 시지역간 갈등이 발생하고 있는데 시군을 통합하여 이러한 갈등을 사전에 예방할 수 있기 때문에 도농통합시는 광역행정을 원활하게 수행할 수 있다.

셋째, 지방자치단체의 경쟁력강화가 필요하였다. 1995년 UR협상 이후 농산물 수입에 대응하여 농촌지역의 경쟁력을 높이고 자치단체장 직선을 앞두고 소규모 자치단체의 경쟁력을 강화시키기 위하여 도농통합을 추진하게 되었다. 시와 군이 통합되면 동일생활권에 각각 설치된 시와 군의 행정관리비용, 중복투자비용 등을 줄일 수 있고, 인구와 구역확대에서 기인하는 규모의 경제를 달성할 수 있으리라 기대하였다.

2) 추진실적

시군통합을 통한 도농복합시의 설치 형태는 두가지로 구분된다. 하나는 시와 군이 통합하여 통합시가 된 경우이고, 다른 하나는 '군'을 시로 전환한 것이다. 도농복합시의 탄생은 3차에 걸쳐 이루어졌는데, 1·2차 통합은 시와 군이 통합한 경우이고, 3차 통합은 주로 군을 시로 승격·전환한 경우이다.

1차 개편은 1995년 1월 1일자로 전격 단행되었다. 통합을 위하여 총 47개 시와 43개 군을 선정한 후 주민들의 의견조사를 실시한 결과, 33개 시와 32개 군에서 통합의견이 개진되었다. 또한 울산시를 1997년부터 광역화 한다는 계획아래 예비단계로서 울산시와 울산군을 통합시켰으며, 광양군과 동광양시를 통합하여 광양시로 승격시켰다. 이에 따라 1995년 1월 1일자로 총 35개의 도·농 통합시가 설치되었다. 제2차 행정구역 개편에서는 1차에 이어 10개 시와 9개 군을 추가통합시키기 위해서 주민조사를 의뢰하였다. 그 결과 천안시와 천안군을 비롯한 6개 시와 5개 군이 통합에 응함으로써 1995년 5월 10일자로 5개의 통합시가 새로이 출범하였다.

제3차 행정구역의 개편은 군을 시로의 승격을 위한 노력에 착수하여, 경기도 이천군을 이천시로, 용인군을 용인시로, 파주군을 파주시로, 충남의 논산군을 논산시로, 경남의 양산군을 양산시로 승격시키는 등 5개의 시의 개편이 있었다. 1997년 7월 1일자로 안성군과 김포군이 안성시와 김포시로 승격되고 1998년에 여수시와 여천시·여천군의 통합이 주민단체의 노력으로 극적인 타결을 함으로써 1차, 2차, 3차의 행정구역 재편을 합쳐서 총 48개의 도·농통합시가 출범하였다. 이후 2003년 8월에 증평군이 괴산군으로부터 분리되었고, 계룡시가 새로이 창설되었다(〈표 4-1〉 참조).

〈표 4-1〉 시 · 군 행정구역 개편의 현황

지역	통합대상	도농통합시	인구(명)	면적(㎢)	인구밀도	통합일자
경기	평택시 · 군, 송탄시	평택시	348,502	452,26	771	95.1.1
	미금시, 남양주군	남양주시	307,232	460,03	668	95.1.1
	군 – 통합시 승격	용인시	320,166	591,61	541	96.3.1
	군 – 통합시 승격	파주시	179,958	682,60	264	96.3.1
	군 – 통합시 승격	이천시	176,097	461,23	382	96.3.1
	군 – 통합시 승격	안성시	130,525	554,36	235	97.7.1
	군 – 통합시 승격	김포시	129,056	276,59	467	97.7.1
강원	춘천시, 춘천군	춘천시	244,747	1,116,36	219	95.1.1
	원주시, 원주군	원주시	261,076	867,62	301	95.1.1
	강릉시, 명주군	강릉시	229,876	1,039,97	221	95.1.1
	삼척시, 삼척군	삼척시	85,918	1,185,70	72	95.1.1
충북	충주시, 중원군	충주시	219,429	983,97	223	95.1.1
	제천시, 제천군	제천시	148,243	882,21	168	95.1.1
충남	천안시, 천안군	천안시	386,517	636,49	607	95.5.10
	공주시, 공주군	공주시	137,250	940,63	146	95.1.1
	대천시, 보령군	보령시	122,356	567,92	215	95.1.1
	온양시, 아산군	아산시	180,224	542,48	332	95.1.1
	서산시, 서산군	서산시	150,820	739,21	204	95.1.1
	군 – 통합시승격	논산시	146,892	615,51	281	96.3.1
전북	군산시, 옥구군	군산시	281,431	379,37	748	95.1.1
	이리시, 익산군	익산시	335,677	506,98	662	95.5.10
	정주시, 정읍군	정읍시	150,952	692,64	218	95.1.1
	남원시, 남원군	남원시	106,440	752,12	142	95.1.1
	김제시, 김제군	김제시	121,875	545,37	223	95.1.1
전남	여수시, 여천시, 여천군	여수시	329,722	497,90	662	98.4.1
	순천시, 승주군	순천시	266,913	907,21	294	95.1.1
	나주시, 나주군	나주시	112,052	603,74	186	95.1.1
	동광양시, 광양군	광양시	136,910	445,77	307	95.1.1
경북	포항시, 영일군	포항시	513,110	1,127,24	455	95.1.1
	경주시, 경주군	경주시	292,143	1,323,75	221	95.1.1

경북	김천시, 금릉군	김천시	150,565	1,009,48	149	95.1.1
	안동시, 안동군	안동시	187,682	1,519,17	124	95.1.1
	구미시, 선산군	구미시	331,486	617,17	537	95.1.1
	영주시, 영풍군	영주시	134,897	668,50	202	95.1.1
	영천시, 영천군	영천시	123,265	919,50	134	95.1.1
	상주시, 상주군	상주시	129,389	1,254,96	103	95.1.1
	점촌시, 문경군	문경시	91,229	912,01	100	95.1.1
	경산시, 경산군	경산시	209,188	411,36	509	95.1.1
경남	창원시, 창원군 3개면	창원시	506,330	292,71	1730	95.1.1
	마산시, 창원군 5개면	마산시	435,343	329,38	1322	95.1.1
	진주시, 진양군	진주시	341,757	712,89	479	95.1.1
	충무시, 통영군	통영시	134,114	235,35	597	95.1.1
	삼천포시, 사천군	사천시	120,257	396,05	304	95.5.10
	김해시, 김해군	김해시	322,521	463,32	696	95.5.10
	밀양시, 밀양군	밀양시	128,397	799,04	161	95.1.1
	장승포시, 거제군	거제시	171,210	399,84	428	95.1.1
	군 - 통합시승격	양산시	178,382	484,18	368	96.3.1

자료: 이기우 등, 2009; 조성호 외, 2008.

도농복합시의 출범을 위하여 정부는 1994년 3월에 먼저 지방자치법을 개정하여 도농복합형태 시 설치의 법적 근거를 마련하였고,[1] 내무부는 전국 15개 시 · 도 내무국장회의를 개최하여 시군통합지침을 전달하였다. 이 과정에서 중앙정부는 그동안 언론이나 정치권, 그리고 지역주민의 진정 등 그간 거론되고 있던 지역을 통합대상지역으로 권유하였다(이시종, 1994: 김동훈 등 1996).

1995년부터 추진된 도농복합시의 설치는 4단계를 거쳐 추진되었다(김동훈 등, 1996). 추진을 위한 1단계는 지역주민 → 도에 이르는 단계로, 우

1) 지방자치법 제7조 제2항 "시와 군을 통합한 지역이나 인구 5만이상의 도시형태를 갖춘 지역이 있는 군을 도농복합형태의 시로 할 수 있다"는 조항이 근거조항으로 신설된 것이다.

선 지역주민의 찬반여부를 묻는 주민의견조사를 실시하였는데,[2)] 이를 위하여 도와 시군이 합동으로 통합설명회를 개최하였다. 주민의견조사 이후 시 · 군의회의 의견을 수립한 후 도에 시군의 통합을 건의하는 과정을 거쳤다. 2단계는 도 → 내무부에 이르는 단계로, 도에 통합 건의가 접수되면 도의회의 의견을 수렴한 후 통합기본계획을 수립하고 이를 다시 내무부에 건의하는 과정이 진행되었다. 3단계는 내무부 주관으로 법령을 수립하고 공포하는 단계로, 내무부에서는 법령안을 마련하고 관계부처 및 지방자치단체와 협의를 거쳐 국회의 제출하면, 국회가 이를 의결한 뒤 대통령의 재가를 얻어 공포하게 되면 도농통합시의 설치근거가 마련된다. 4단계는 실제 통합시를 개청하는 단계로, 중앙부처와 도가 추진요령을 시달하면 해당 시 · 군이 통합을 추진하고 통합시를 개청하는 과정을 거쳐 도농복합시의 설치가 완료되었다([그림 4-1] 참조).

[그림 4-1] 도 · 농 통합처리절차

1단계	① 주민의견조사(찬반)	→	② 시군의회 의견수렴	→	③ 도에 통합 건의
2단계	④ 도의회의견수렴	→	⑤ 통합기본계획수립	→	⑥ 내무부에 건의
3단계	⑦ 법령안 작성	→	⑧ 국회의결	→	⑨ 재가 및 공포
4단계	⑩ 추진요령 시달	→	⑪ 통합작업 추진	→	⑫ 통합시 개청

자료: 김동훈 · 정진헌, 1996.

2) 이 당시에는 주민투표의 절차에 대한 관계법령이 정비되어 있지 않아 지방자치법에 따른 주민투표 대신 주민의견조사의 방식을 활용하였다.「지방자치법 제13조의 2(주민투표) ① 지방자치단체의 장은 지방차지단체의 폐치 · 분할 또는 주민에게 과도한 부담을 주거나 중대한 영향을 미치는 주요 결정사항 등에 대하여 주민투표에 붙일 수 있다. ② 주민투표의 대상 · 발의자 · 기타 투표 절차 등에 관하여는 따로 법률로 정한다.」

3) 시군통합[도농(都農)통합]의 효과

(1) 도농(都農)통합시의 긍정적 효과와 부정적 효과

도농(都農)통합의 효과에 대한 논란은 앞서 지방행정체제 개편의 이론적 기초에서 다루었던 통합론(consolidationists)과 분절론(fragmentationists)에서 출발한다. 그러나 이론적 차원에서의 통합론과 분절론은 통상적으로 같은 유형의 자치단체간 통합 또는 분절에 대한 논의로, 우리나라에서 1995년부터 진행된 시군통합과는 약간의 차이를 보인다. 즉 우리나라의 도농통합은 도시의 '시'와 농촌의 '군' 간의 통합으로 상호이질성이 높은 두 자치단체간의 통합을 특징으로 하기 때문에 이론적인 논의에서 검토하고 있는 통합론과 분절론과는 약간의 차이가 있다.

도농통합의 긍정적 효과로 제시되는 것들은 다음과 같다(홍준현, 2005; 유재원, 2009). 첫째, 시군통합은 행정비용의 감소에 기여한다. 도농통합으로 시와 군이 각각 보유하고 있는 인력과 기구가 통합되면 인건비 및 경상비 등이 감소하여 행정비용을 절감하는 효과가 있고, 절감된 예산을 지역개발에 사용할 수 있게 된다(김선기, 1995).

둘째, 도농통합은 규모의 경제와 이에 따른 공공서비스 생산에 소요되는 단위비용 감소를 통해 재정적 효율성을 높여준다. 특히, 지방정부의 공공서비스 공급권역이 통합되고 광역화될 경우 조세 혹은 사용자부담금의 감소라는 형태로 개인들이 소비하는 공공서비스의 비용이 감소될 수 있다. 따라서 규모의 경제가 존재할 경우 경제적 측면에서 통합 공공서비스공급체제를 구현하는 것이 유익하다(이재원, 1995: 57-58).

셋째, 도농통합은 지역경제의 성장을 촉진시키며 지역경쟁력을 강화시킨다. 통합으로 인하여 자치단체의 재정규모가 커지면 경제발전에 필요한 대규모 인프라에 대한 투자가 용이해지며, 유능한 인재의 유치가 가능해져 우량 기업유치와 지역경제성장에 필요한 전략을 보다 체계적으로 종합적으로 구상할 수 있다(유재원, 2009).

이 외에 도농통합을 통하여 주민생활권과 행정구역을 일치시킨다는 이점이 있으며, 통합시라는 단일의 법인격을 가진 자치단체의 설립을 통하여 기존에 시와 군이라는 대등한 법인격을 가진 자치단체간의 갈등을 내부화하는 효과가 있다는 점, 농촌인 군지역의 구심점인 시를 군과 통합시켜 통합시를 출범하여 지방자치단체의 개발권역을 일치시켜 단일 구역내의 도시지역과 농촌지역의 균형있는 지역개발을 유도할 수 있다는 점 또한 통합의 긍정적 효과로 제시되었다(홍준현, 1997).

한편, 우리나라 도농통합의 부정적 효과 또한 다양하게 제시되었다(홍준현, 1997). 첫째, 도시행정수요와 농촌행정수요가 이질적이기 때문에 시와 군을 통합할 경우 지방정부가 공급해야 하는 서비스는 더욱 복잡하고 확대되어 통합시의 지방재정이 오히려 악화될 가능성이 높다.

둘째, 도시행정수요와 농촌행정수요의 이질성에서 기인하는 것으로 행정서비스 공급의 지역간 불균형이 노정된다. 도농통합이 되면 이질적인 행정수요에 대한 지방정부의 대응이 주로 도시위주의 행정에 치우치기 때문에 통합이후 농촌지역이 상대적으로 소외될 가능성이 높다. 특히 사회간접자본시설의 투자에서 인구가 밀집한 도시지역을 중심으로 이루어지게 되면 도시보다 사회간접시설이 낙후된 농촌지역의 투자는 잘 이루어지지 않게 될 것이다(임성일, 1994).

끝으로 시 · 군이 통합되면 행정의 주민대응성이 감소되기 때문에 도농통합은 부정적인 효과를 낳는다. 즉, 우리나라의 시 · 군통합은 기초자치단체의 구역과 규모를 확대시키는 결과를 초래하기 때문에 주민의 행정에 대한 접근성이 떨어지고, 따라서 행정의 주민대응성이 낮아지게 된다(임성일, 1994).

(2) 시군통합의 효과에 대한 실증 연구

앞서 이론적 차원에서는 시군통합의 효과는 긍정적인 효과도 있고 부정적인 효과도 있는 것으로 나타나 통합의 양면성이 있음을 살펴보았다. 실증차원에서 그간 시군통합후 지금까지 통합의 효과에 대해 다양한 연구가 진행되었다.

유재원(2009)은 그간 시군통합의 효과에 대하여 국내에서 진행된 선행연구를 종합적으로 분석하여 연구결과를 정리하고 방법론상의 쟁점에 대하여 논의하였다(다음 유재원의 표 참조).[3] 이에 따르면 국내의 경험적 분석은 통합의 효과에 관한 최종적인 결론을 제시하지 못하고 있는 것으로 나타났다. 그 이유는 통합 이후 행정비용 절감의 효과가 나타났다는 분석과(한국지방행정연구원 2000; 김재홍 2000; 최흥석 · 정재진 2005; 이시원 · 민병익 2006) 그렇지 못하다는 분석(김동훈 · 정진헌 1996; 경기개발연구원 1997, 홍준현 1997; 김대원 1999; 박종관 1999; 조석주 · 이재기 2000; 이시원 · 민병익 2001; 박종관 · 조석주 2001)이 대립하고 있기 때문인데, 통합의 논거 및 기대효과로 제시되었던 통합이후 규모의 경제 효과에 대해서도 상반된 분석이 병존하는 것으로 선행연구가 제시되고 있다. 시군통합의 규모의 경제 효과에 대한 선행연구는 규모의 경제 효과를 인정하는 연구(홍준현 1997; 박종관 1999; 이시원 · 민병익 2006)와 부정하는 연구(배인명 외 2000; 이시원 · 민병익 2001; 최흥석 · 정재진 2005)가 있는데, 이 또한 시군통합의 경제성장 효과에 대한 실증분석은 한국지방행정연구원(2000)과 박지형 · 홍준현(2007)이 유일하며, 전자의 경우 통합이 경제성장에 미치는 효과를 긍정적으로 평가한 반면, 경제성장의 효과가 최소한 단기적으로는 없는 것으로 실증분석 결과를 보고하고 있다(유재원, 2009).[4]

---

3) 이 단락의 내용은 유재원 교수가 2009에 발표한 논문의 선행연구 종합 결과를 발췌한 것이다.

4) 유재원 교수는 선행연구의 결과에 대한 논의 이외에 선행연구의 분석방법과 변수, 활용한 data에 대한 분석을 통하여 시군통합 효과에 대한 그간의 실증여구의 한계를 지적하고 있

따라서 경제적 효과가 있음을 인정하기 어렵다.

한편, 홍준현(2005)은 시군통합의 효과를 비용절감 및 규모경제 등 효율성과 경제성 측면 이외에 지역의 균형성장 측면에서 분석하였다.[5] 지

〈표 4-2〉 통합효과에 대한 선행연구 결과 요약

항목 / 연구자	비용절감	규모경제	경제성장	분석방법	변수	시기(연도)
김동훈 정진헌 (1996)	×		○	평균비교	• 비용절감 변수 - 행정기구수 변화 - 공무원정원 변화	 94,95 94,95
경기개발 연구원(1997)	×			평균비교	• 비용절감 변수 - 행정비용 증대 설문	94,97
홍준현 (1997)	×	○		평균비교	• 비용절감 변수 - 행정기구수 변화 - 공무원수 변화 - 일반행정비 비중 변화 - 인건비 비중 변화 - 사회단체지원비용 변화 • 규모경제 변수 - 상수도 급수인구 - 상수도 일일급수량 - 하수처리면적 - 하수처리계획인구	 94~96 94~96 94, 95 94, 95 94, 95 94, 96 94, 96 94, 96 94, 96

다(유재원, 2009). 첫째, 대부분의 시군통합 연구가 통합전후 2-3년의 단기를 대상으로 설정하고 있어 통합효과의 정확한 측정이 어렵다. 둘째, 통합효과에 대한 실증연구는 비통합지역을 비교집단으로 설정해야 하지만 선행연구는 통합시만을 대상으로 그 효과를 추정하고 있다. 셋째, 통합의 효과를 추정한 대부분의 선행연구는 비교집단 없이 통합지역만을 대상으로 평균비교를 t-test의 방법 만을 활용하여 분석하기 때문에 시계열 자료에 담겨있는 추세와 추세로부터 이탈한 정도를 반영하지 못하여 결과를 왜곡할 가능성이 높다는 점이 그것이다.

2009년 10월에 치러진 자치행정체제개편을 위한 합동세미나에서 정순관 교수는 그동안 '시군통합'의 효과에 대한 실증연구가 많이 있었지만 시군통합의 효과를 통계적 · 계량적 방법 대산 개별시도의 사례를 중심으로 논의할 수밖에 없는 근거로, 우리나라의 지방자치제의 중앙정부 예속성, 다양한 통제변인의 통제의 곤란으로 정확한 측정이 어려운 문제점 등을 제시하였다.

항목 / 연구자	비용절감	규모경제	경제성장	분석방법	변수	시기(연도)
김대원 (1999)	×			평균비교	• 비용절감 변수 – 생산성지수 변화	94, 98
박종관 (1999)	×	○		평균비교	• 비용절감 변수 – 인건비 비중 변화 – 일반행정비 비중 변화 – 유사중복기관지원비 변화 – 문화 · 체육행사비 변화 – 공공시설운영비 변화 • 규모경제 변수 – 상수도 급수인구 – 상수도 관할면적 – 하수처리면적 – 하수처리계획인구 – 공공혐오시설반응 설문	 93~98 94~96 93~98 93~98 93~98 94, 98 94, 98 94, 98 94, 99 94, 98
한국지방행정연구원 (2000)	○		○	평균비교	• 비용절감 변수 – 공무원인건비 변화 – 문화 · 체육행사비 변화 – 공공시설운영비 변화 – 유사중복기관보조금 변화 • 경제성장 변수 – 농업종사자수 변화 – 생산서비스업종사자수 변화 – 소비서비스업종사자수 변화 – 제조업종사자수 변화 – 지역 경쟁력 제고 설문 – 시 외부영향력 증대 설문	 94~99 94~99 94~99 94~99 94,97,99 94,97,99 94,97,99 94,97,99 94, 2000 94, 2000
배인명 외 (2000)		×		평균비교	• 규모경제 변수 – 일인당 세입 및 세출 – 일인당 세입 및 세출 증가율	 94, 97 94, 97
조석주 이재기 (2000)	×			평균비교	• 비용절감 변수 – 공무원인건비 변화 – 문화 · 체육행사비 변화 – 공공시설운영비 변화 – 유사중복기관보조금 변화	 91~98 91~98 91~98 91~98
김재홍 (2000)	○			DEA	• 비용절감 변수 – 기술적 효율성 변화 –기술적 순효율성 변화	 95, 98 95, 98

항목 / 연구자	비용 절감	규모 경제	경제 성장	분석 방법	변수	시기 (연도)
이시원 민병익 (2001)	×	×	DEA		• 비용절감 변수 - 기술적 효율성 변화 - 기술적 순효율성 변화 • 규모경제 변수 - 규모의 효율성 변화	 93, 98 93, 98 93, 98
박종관 조석주 (2001)	×			평균 비교	• 비용절감 변수 - 행정기구수 변화 - 공무원수 변화 - 일반행정비 비중 변화 - 공무원인건비 비중 변화	94,95,96,98, 2000 94~99 94,95,97,98 94~99
최흥석 정재진 (2005)	○	×		평균 비교	• 비용절감 변수 - 인건비 비중 변화 - 일반행정비 비중 변화 • 규모경제 변수 - 1인당 세출예산 변화	 91,92,93,95,96,97 91,92,93,95,96,97 91,92,93,95,96,97
이시원 민병익 (2006)	○	○		회귀 분석	• 비용절감 변수 - 1인당 일반행정비 변화 • 규모경제 변수 - 1인당 총 세출액 변화	 88~2004 88~2004
박지형 홍준현 (2007)			단기: × 장기: ○	평균 비교	• 경제성장 변수 - 기반고용비율(단기) - 고용성장률(장기)	96, 2004 2004, 2010 (예측)

자료: 유재원, 2009. 발췌.

역의 균형성장 측면에서만 보면 시군통합은 통합시 지역내부의 도시와 농촌지역간 균형성장에 긍정적인 효과를 가져오는 것으로 보고하였다. 그러나 이러한 도농간 균형성장의 효과는 모든 통합시에서 나타난 것이 아니었고, 전체 조사대상인 40개 시 중에서 30개시에서는 통합시내 도농간 균형성장이 분명하게 보고되었지만, 나머지 10개시에서는 지역내

5) 홍준현(2005)은 균형성장을 측정하기 위하여 도농지역간 인구증가, 도농지역간 도시화기반 구축, 도농간 지역개발투자정도, 도농간 재정상태, 농촌지역의 도시의존정도를 변수로 활용하여 도시지역과 농촌지역의 격차 변화에 대한 분석을 시도하였다.

불균형성장을 보고하고 있었다.

이상의 논의를 종합해 보면 유재원(2009)의 지적처럼 현재까지 상충되는 실증연구 결과는 이론적 차원의 통합긍정론과 부정론 중 어느 하나의 옳음을 주장하기 어렵다는 결론을 내리게 한다. 또한 만약 '도농통합의 효과가 있다' 라고 명백히 주장한다고 해도 일반적으로 그러한 경향이 있음을 말할 수 있을 뿐이지 모든 통합시에서 통합으로 인하여 긍정적인 효과가 반드시 나타난다는 주장도 제시하기 어렵다. 홍준현(2005)의 연구처럼 통합의 효과는 개별 통합시마다 달리 나타날 수 있기 때문이다. 이러한 실증연구의 결과는 향후 통합시의 효과에 대한 실증연구나 이론적 발전에 중요한 시사점을 제시한다. 연구자들의 지적처럼 통합시 효과에 대한 실증연구가 일관된 결과를 보고하지 않을 경우 여러 가지 방법과 변수를 활용하여 설명을 시도하는 것도 중요하지만 통합시를 유형화하여 통합의 긍정적인 효과를 내거나 부정적인 효과를 내는 요인을 분석하는 것이 향후 지방행정구역개편의 시사점을 위하여 바람직할 것이다.

3. 단일 광역자치단체를 통한 기초자치계층의 폐지: 제주특별자치도

1) 제주특별자치도의 성립 배경

제주특별자치도는 기존의 광역자치단체인 제주도를 구성하던 4개의 기초자치단체인 제주시, 서귀포시, 북제주군, 남제주을 해산하고 이들을 광역자치단체인 제주도(제주특별자치도)가 흡수한 자치계층의 통합사례로 단일계층제로의 개편사례에 해당된다.

제주도는 그동안 우리나라의 대표적인 관광지의 지위를 지니고 있었으나, 국외여행의 활성화와 외국관광객 감소 등의 위협으로 인해 관광산업과 지역경제가 크게 위축되어가고 있었다. 이러한 배경에는 복잡한 행정체제와 제한된 자치권이 제주도가 가진 자연환경을 개발하고 지역의 변화를 유도하는데 걸림돌이 된다는 지적이 있었다. 따라서 제주특별자치도는 제주도가 처한 한계를 극복하고 고유의 자연환경을 효과적으로 활용하며 새로운 지방분권의 실험을 위하여 추진되었다.

특별자치도는 지방자치법에 근거를 두고 있는 새로운 형태의 광역자치단체로, 관련 특별법에 의하여 보장받는 확대된 자치권과 다양한 특례를 가지고 있다. 이는 서울시가 광역시 중 특별시의 지위를 얻고 있는 것과 마찬가지로 광역도 중 특별한 지위를 얻고 있는 의미의 특별자치도의 지위를 제주도가 가지고 있다는 것을 의미한다.

2) 추진과정 및 결과

제주특별자치도의 출범을 위하여 정부는 2006년 1월에 지방자치법을 개정하여 기존의 자치단체 유형에 제주특별자치도를 추가하였고, 2006년 7월 제주특별자치도 설치 및 국제자유도시 조성을 위한 특별법을 시행하여 기존에 제주도를 구성하던 4개의 기초자치단체를 폐지하고 단일의 광역자치단체인 제주특별자치도를 출범시켰다. 제주특별자치도의 설치는 기존에 이계층의 자치단체 구조를 광역을 기준으로 하는 단일의 지방자치단체로 수직적으로 통합한 최초의 사례에 해당된다.

통합자치도의 출범 과정에서 지방자치법이 정한 '주민투표' 가 이루어졌다. 제주특별자치도의 출범을 위한 주민투표는 지방자치단체가 아닌 중앙정부에 의해 이루어졌다.[6] 주민투표의 내용은 '단일광역자치안' 과

6) 주민투표법 제8조 제1항은 "중앙행정기관의 장은 지방자치단체의 폐치분합 또는 구역변경, 주요시설의 설치 등 국가정책의 수립에 관하여 주민의 의견을 듣기 위하여 필요하다고 인정

'현행유지안' 을 놓고 선택하는 방식으로 진행되었고, 총투표율은 36.7%였다. 이 중 단일광역자치안의 득표는 57.0%였고, 현행유지안은 43.0%의 득표율을 보여 과반 이상의 득표로 제주도민이 단일광역자치안을 채택하는 것으로 하여 이를 근거로 기초자치단체의 폐지로 이어졌다(양영철, 2008).

이러한 결과 기존의 1광역도 4기초자치단체이던 제주도는 단일의 광역자치단체인 제주특별자치도가 되었고, 기존의 4개 기초자치단체는 폐지되었으며, 4개기초자치단체를 대신하여 제주시와 서귀포시의 2개 행정시가 설치되어 있다. 따라서 현재의 제주특별자치도의 자치계층은 1계층이지만, 행정계층의 경우 특별자치도-행정시-읍면동의 3계층을 그대로 유지하고 있는 형태가 되었다.

[그림 4-2] 제주도 행정체제개편

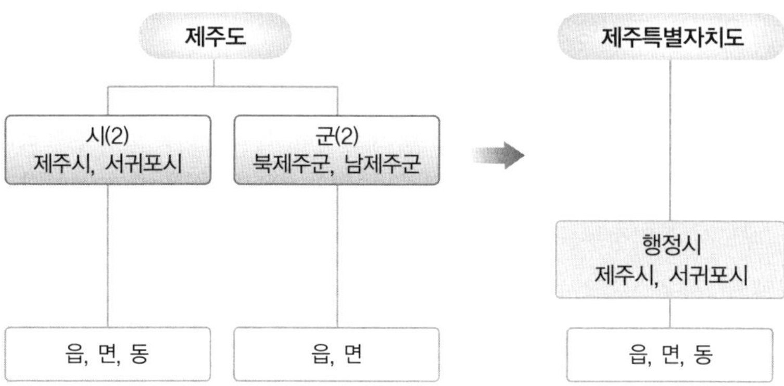

하는 때에는 주민투표의 실시구역을 정하여 관계지방자치단체장에게 주민투표를 요구할 수 있다"고 규정하고 있다.

제2절 주요국의 지방행정체제 개편

1. 영국

영국은 잉글랜드, 웨일즈, 스코틀랜드, 북아일랜드의 4개 지역으로 구성된 단일국가이면서도 지역간에 상이한 제도를 운영하고 있어서 연방국가적 성격을 가지고 있다.[7] 역사적으로 영국은 의원내각제 국가로서 집권당의 성격에 따라 노동당 집권시 분권화를 지향하는 구역개편을 시도하였고, 보수당 집권시에는 통합화를 지향하는 구역개편을 시도하였다.

1) 영국의 지방행정체제 개편 과정

우선, 영국은 1980년대 보수당인 대처수상이 집권하면서 대도시권을 중심으로 행정의 효과성과 주민의 편리성을 제고하기 위하여 설치되었던 대도시 광역정부를 예산낭비 등의 이유를 들어 폐지하였고, 웨스트미드랜드, 사우스요크샤, 웨스트요크샤, 맨체스터, 머시사이드, 타인과 웨어 등의 대도시지역은 2계층제 자치계층제에서 단층제 도시정부로 변화시켰다(조성호 외, 2008: 77-78). 특히 1986년 대표적인 런던광역의회 중심의 런던광역정부도 해체되었다. 이후 1990년대에는 지방정부법을 제정하고 지방정부 개편위원회를 설치하여 지방정부의 통합을 본격적으로 시도하여 1992년부터 제1차 단일계층(Single Tier) 지방행정체제 전환을

7) 행정안전부(2000), 선진외국의 지방자치제도(1), p.5.

추진하였다.[8] 1992년 총선을 앞두고 보수당은 지방정부법(Local Government Act 1992)으로 '잉글랜드 지방정부위원회(Local Government Commission for England)'를 설치하고, 각 카운티별로 지방정부 구조를 평가한 후, '카운티-디스트릭트'의 2계층 구조로 되어 있던 비광역도시권 지방자치단체를 대상으로 통합자치단체(Uniary Authorities)로의 전환을 추진하였다. 그 결과 1995~1998년 까지 기존 39개의 카운티(County) 중 4개가 폐지되고, 도시지역을 중심으로 총 46개의 단일 통합자치단체가 새로 탄생(1995년 1, 1996년 13, 1997년 13, 1998년 19)되었다. 제1단계 단일계층으로의 지방행정체제 전환에 따른 자치단체 통폐합 결과, 북아일랜드를 제외한 영국의 자치단체 수는 15%, 지방의원 수는 31% 정도가 감소하였다.

이후 노동당 정부는 2계층의 지방정부 구조가 강한 리더십과 명확한 책임성을 확보하기 어렵고, 계층간의 업무 중복과 혼선, 비효율을 초래할 우려가 있으며, 2계층 지역내의 상당수 자치단체들이 상호 파트너십을 통해 행정서비스를 공동으로 제공하고 있는 현실을 고려하여 지방행정체제의 단일계층화를 재추진키로 결정하였다. 이에 따라 2006년 10월 26일 지역사회지방정부부(Department for Communities and Local Goernment)는 2계층을 유지하고 있는 잉글랜드 지역 비광역도시권 자치단체를 대상으로 단일 통합자치단체(Unitary Authority)로의 전환을 신청토록 하여 2007년 1월 25일까지 총 26개 지역으로부터 신청서가 접수되었으며, 이에 대해 경계위원회(Boundary Committee)에서 신청지역의 수용능력(Affordability), 이해관계자들의 지지, 리더십, 서비스제공의 효율성(Value for money service), 주민의 권한 확대(Neighbourhood empowerment) 등에 대한 심사를 실시하고, 1차 기준을 통과한

---

8) 행정안전부(2000), 선진외국의 지방자치제도(1), p.5.

16개 지역을 대상으로 2007년 3월부터 이해관계자들의 의견을 수렴하기 시작하였다. 이러한 과정을 거쳐 지역사회지방정부부(CLG)는 경계위원회의 권고안과 의견수렴 결과를 토대로 2007년 12월 5일 Cornwall, Durham, Northumberland, Shropshire, Wiltshire 카운티(County) 등 5개 지역에 대해서 각각 구역내 28개 디스트릭트(District)를 통합하여 단일 통합자치단체로 전환키로 결정했으며, 2007년 12월 18일 Ceshire 카운티 지역은 기존 카운티를 폐지하고, 권역내 6개 디스트릭트를 통합하여 2개의 통합자치단체로 재편키로 했다. 그리고 2008년 3월 6일 Bedfordshire 카운티 지역은 기존 카운티를 폐지하고, 권역내 3개 디스트릭트를 재편하여 2개의 단일통합자치단체로 전환키로 결정하였다. 이로써 2009년 4월 1일 단일계층의 통합자치단체로 전환된 9개 통합시(Unitary Council)가 기존 44개 지방자치단체(7개 County, 37개 District)를 대체하여 정식으로 출범 하게 되었다.

2) 광역권개발청의 설치

잉글랜드의 광역권개발청(RDA: Regional Development Agencies)은 1998년 광역개발청법의 제정으로 잉글랜드 지역에 9개가 설치되었다. 광역권개발청은 광역단위의 투자유치, 고용증진, 대도시 중심의 대중교통발달, 농업 및 에너지, 쓰레기 처리 등 광역적 업무를 수행하도록 하였다(Wilson et al., 2006).[9] 영국에서 광역권개발청은 중앙정부에 예속된 기관임에도 불구하고 원래 지방자치단체가 갖지 않았던 기능을 지역적인 차원에서 수행하고 지역의 기업인 등이 참여한다는 점에서 지방

---

9) 광역개발청은 연구자에 따라 '지역개발청'으로 번역하기도 한다(최영출, 2008; 조성호 외, 2008; 이기우 외, 2009). 생각건대, 영국의 RDA는 광역적 사무 처리를 위하여 광역수준에서 설치되고 있기 때문에 광역개발청으로 번역하는 것이 타당하다고 생각한다.

분권적인 것이라고 보기도 한다(이기우 외, 2009). 광역권개발청은 15명으로 구성된 집행위원회(Board of Directors)가 주요 의사결정을 담당하고 있으며, 집행위원회 아래 수석집행관(Chief Executive)을 두어 지역개발청장의 역할을 수행하도록 되어 있다. 집행위원회의 위원은 중앙정부의 주무장관에 의하여 임명되며, 청장은 집행위원회가 공모방식에 의하여 임명하고 중앙부처의 장관이 승인하지만, 런던개발청은 런던시장에 의하여 임명된다(최영출, 2008a).

3) 광역런던권의 행정체제 개편

영국의 지방행정체제의 개편에서 가장 주목할 것이 광역런던권의 행정체제 개편이다.[10] 세계대전 종전 이후 런던 및 주변 지역의 인구가 급증하고 수도권이 확장되면서 기존의 수도권 행정체제로는 효율적인 서비스 제공이 어려워짐에 따라 광역 런던권의 행정체제 개편 작업을 추진하였다. 우선, 1963년 런던정부법(Lodon Government Act 1963)에 따라, 기존 런던 카운티(County of London) 외곽의 일부 수도권지역을 편입하여 시역을 확장하고, 확장된 광역런던권을 관할하는 광역자치단체로 런던광역의회(Greater London Council, GLC)를 창설하였으며, 하위자치단체로 기존 런던카운티 영역이었던 내부런던(Inner London)지역은 12개 런던보로(London boroughs)와 런던시티 도시법인(City of London Corporation)으로 재편하고, 새로 편입된 외부런던(Outer London) 지역에는 20개 런던 보로를 설치하였다. 새로운 2계층 구조하에서 런던광역의회는 소방, 구급, 쓰레기 처리, 자동차 면허, 테임즈 강 홍수 예방 등 광역적 기능을 담당하고, 각 보로는 복지 및 보건서비스, 도

10) 이하의 내용은 행정안전부가 2009년 작성한 '영국의 지방행정체제 개편' 자료와 행정자치부가 2000년에 작성한 선진외국의 지방자치제도 영국편을 참조로 종합한 것임.

서관, 쓰레기 수거, 식의약품 관리 등 주민생활과 밀접한 사무를 분담하여 수행하였다.

이후 보수당은 1983년 총선에 앞서 관료제의 중복과 낭비를 줄이고 정부가 주민에게 좀 더 다가서면서 행정서비스의 종합성과 접근가능성을 제고하기 위해 런던광역의회(GLC)와 6개 광역도시 카운티 의회의 폐지를 공약으로 제시하고 이를 추진하였다. 재집권에 성공한 보수당 정부는 1985년 지방정부법(Local Government Act 1985)을 통해 런던광역의회(Greater London Council)와 6개 광역도시의회(Metropolitan County Council)를 1986년 4월 1일자로 폐지하였는데, 이에 따라, 광역런던권 및 6개 광역시 권역내에 설치된 33개 런던보로(London Borough, City of London 포함)와 36개 광역도시보로(Metropolitan Borough)가 단일계층의 통합 지방자치단체로서 교통, 경찰, 소방, 비상대비 등의 광역적 업무를 제외한 대부분의 자치서비스 기능을 수행하게 되었다. 그리고, 광역적 업무는 중앙부처로 환원되거나 종전의 광역도시권을 관할범위로 하는 공동행정관청(Joint Boards 또는 Joint Committees) 또는 특별행정기관 등을 신설하여 수행하도록 하였다.

현재 런던광역청(GLA: Great London Authority)은 1997년 노동당 집권으로 탄생되었다. 노동당은 1996년 총선공약으로 제시한 런던광역청의 추진을 위하여 1998년 주민투표를 실시하였고, 72.8%의 찬성을 기반으로 런던지방정부법을 제정하였다. 2000년 5월에는 선거를 통하여 기관분리형의 런던광역청 정부를 구성하였다. 새로이 구성된 런던광역청은 관할하에 기초자치단체를 설치하여 2계층 지방행정체제로 복귀하였다. 이렇게 자치2계층제로 회귀한 배경에는 보수당에 의하여 런던광역정부가 폐지되면서 대도시인 런던지역을 대표할 광역정부가 사라지게 되자 광역교통, 경제개발, 전략적 계획수립 등 광역적인 사무의 효과적인 수행이 어렵다는 비판과, 런던지역을 대표할 민주적 리더십이 없어 지역의 민주주의가 퇴색하고 새로운 상황에 적절히 대처하지 못한다는 비판이 제기되었기 때문이다(조성호 외, 2008: 89-90).

2. 프랑스

프랑스는 1982년 지방자치법의 개정을 통한 레종(Region)의 지방자치단체 법인격 인정과 데파르뜨망(Department)의 단체장에 대한 의회선출 전환이 가장 중요한 행정체제 개편이었다. 그러나 최근에는 레종의 구역조정 및 광역시 신설 등의 파격적인 지방행정체제 개편 움직임이 전개되고 있다.

1) 1982년 지방자치법 개정을 통한 분권개혁

프랑스는 1982년 지방자치법을 개정하여 지방분권을 추진하였다.[11] 데파르뜨망(departement)은 법인격 있는 지방행정기구이지만 도지사를 국가에서 임명하였다. 이에 1982년 지방자치법 개정을 통하여 도지사를 데파르망 의회가 선출하도록 하여 데파르망의 자치권을 확보하도록 하였다.

또한, 1982년 지방자치법은 데파르뜨망 상위의 레종을 포괄적 자치권을 가지며 법인격 있는 지방자치단체로 변환하여 종래 2계층의 지방행정체제를 3계층으로 전환하였다. 애초 레종은 1963년 우파정권인 드골정부에 의하여 국가의 경제발전과 지역개발을 목적으로 행정부의 수반인 수상 직속으로 광역개발청 조직을 만들어 전국을 20개 광역권으로 나누

11) 이를 위하여 제시된 법률은 「꼼뮨, 데파르뜨망 및 레지옹의 권리와 자유에 관한 법률」, 「꼼뮨, 데파르뜨망 및 레지옹 및 중앙정부의 권한배분에 관한 법률」이다.

어 국가의 지방행정기관으로 활용하던 것이었다.[12] 그러나 1982년 법 개정으로 레종이 지방자치단체로서 법인격이 인정되고, 1986년 주민직선에 의한 지방정부가 구성되어 현재의 광역행정기능을 수행하는 지방정부가 되었다. 자치단체의 법적지위 확보와 함께 사회당 정권은 「꼼뮨, 데파르뜨망 및 레종 및 중앙정부의 권한배분에 관한 법률」에 따라 레종, 데파르뜨망, 꼼뮨간 사무배분을 조정하였고, 1985년 이후에는 분야별로 「지방일괄이양법」을 제정하여 중앙권한과 인력 · 재정의 동시 이양을 추진하였다.

이같은 대대적인 지방자치법 개정의 배경은 다음과 같다. 첫째, 도시 및 지역간 격차확대 등에 수반하여 발생하는 새로운 행정과제에 대처하여야 하나, 지방공공단체로서 꼼뮨과 데파르뜨망의 규모가 지나치게 작아 충분한 대처능력을 갖고 있지 못하였다. 둘째, 1970년대 후반 이후의 장기불황, 특히 지방경제의 지반침하에 대처하기 위해서는 지방분권을 통해 경제활성화를 도모할 필요성이 있었다. 셋째, 국토개발, 경제정책, 고용기회의 창출 등의 정책은 거시정책만으로는 한계가 있고, 지역에 의한 독자정책이 보다 효과적이라는 점에서 규모의 경제성이 있는 광역지방정부의 권한을 확대할 필요성이 있었다(이기우 외, 2009).

2) 최근 프랑스의 지방행정체제 개편 논의

프랑스에서 가장최근에 추진되고 있는 지방행정체제 개편은 사르코지(Sarkozy) 대통령의 지시로 구성된 지방자치 개혁 위원회(일명 Balladur 위원회, 2008.10.24 구성)가 준비하고 있다. 주요내용으로는 현행 22개인 광역자치단체(region)의 수를 15개로 축소하여 현 행정구역의 모순을 극복하고 광역도간의 인구격차를 시정하며, 2014년부터 광역도 단위의 단

12) 연구자에 따라 지역개발청으로 명명하기도 한다(조성호 외, 2008).

일 선거를 통해 레종과 데파르뜨망의 의원을 동시선출(명부식 비례대표제를 통해 상위등재자는 광역도의원 및 도의원 겸직)하도록 하는 것이다. 또한 11개 광역시(Metropole)를 신설하고 이를 특수행정구역화하여 꼼뮨의 권한 외에 데파르뜨망에 부여된 권한 행사를 가능토록 하는 방안을 모색하고 있다. 그리고 꼼뮨그룹 의원수의 1/3을 감축, 예산절감 및 의원의 책임소재 강화하며, 지방자치단체간, 국가-지방간 권한분배 명확화 및 권한 중복 폐지를 고려하고 있다.[13]

3. 독일

독일 헌법에 해당하는 기본법은 독일이 연방주의국가임을 밝히면서 지방자치단체의 종류를 명문으로 두고 있다. 기본법 제28조는 주(Lander), 크라이스(Kreis), 게마인데(Gemeinde)를 보장하여 두고 있기 때문에 독일에서 지방자치계층의 전면적 개편으로 계층제도의 조정을 위해서는 헌법(기본법)을 개정하여야 한다(김성호 외, 2009).

독일은 최근까지도 주(Land)의 개편에 대한 논의가 진행되었지만 실제 주의 개편은 일어나지 않았다. 주개편 논의는 대부분 주를 통합하고 수를 줄여 광역화해야 한다는 쪽으로 진행되고 있으며 개편 논의의 직접적인 동기는 작은 주의 취약성을 다른 주와 통합하여 규모를 키움으로써 극복하고, 국내적으로나 국제적으로 경쟁력 있는 지역단위를 만들어내려는데 있다고 하겠다(이기우 외, 2009).

13) 이 내용은 행정안전부가 2009년 작성한 '프랑스의 지방자치개혁안' 자료를 참조한 것이다.

1) 지방자치단체의 통 · 폐합

독일에서는 지방자치단체의 통 · 폐합이 1968년부터 1978년 사이에 서독에서 단행되었다. 지방자치단체인 게마인데와 크라이스의 구역개편은 개별주의 헌법 및 지방자치법에 근거하여 이루어졌는데, 통 · 폐합의 배경은 농촌지역 주민의 행정서비스 욕구가 상승되어 규모가 작은 자치단체의 행정서비스 능력을 제고해야 한다는 요청과, 게마인데(Gemeinde)와 크라이스(Kreis)간에 심화된 규모의 격차를 해소해야 한다는 필요성, 광역행정의 필요성이었다. 따라서 통폐합의 기준은 크라이스 소속의 게마인데는 합병이나 편입의 방법으로 규모가 큰 Grossgemeinde로 통합하며, 크라이스의 경우 구역을 확대하여 Grosslandkreis로 재편성 하는 것이었다.[14] 서독에서 자치단체 통폐합 결과로 조정된 자치단체의 수는 〈표 4-3〉과 같다. 이러한 자치단체 통폐합은 통독 이후 구동독지역의 지방자치단체 구역개편에도 영향을 미쳐 구동독 지역의 다수 게마인데간 통합이 이루어졌다.

〈표 4-3〉 구역개혁 전후 자치단체의 수 비교(서독)

자치단체	1968년	1980년	비율
Kreisfreie Stadt	135개	91개	-34%
Kresis	425개	237개	-45%
Kresis 소속 Gemeinde	24,282개	8,409개	-65%

14) 이에 대한 자료는 행정자치부(2000), 선진 외국의 지방자치제도(1), pp.321-337을 참조하였다.

2) 베를린 자치구 개편

주(Land)와 게마인데(Gemeinde)의 두 가지 성격을 모두 가지고 있는 대도시 Berlin의 경우 1998년 주 헌법을 개정하여 대폭적인 행정구역개편을 단행하였다. 구역개편 결과 23개였던 자치구를 2001년까지 12개의 자치구(Bezirk)로 축소하는 결정을 내렸다. 이는 행정효율성을 제고하고 통폐합을 통하여 비용을 절감하기 위하여 단행되었는데, 통합을 통하여 새로이 신설되는 자치구의 의원 수를 점차 축소시키고 있다.

4. 일본

일본의 지방행정체제 개편논의는 시정촌 합병, 대도시특례제도, 동경도의 특별구 제도와, 현재 새로이 제기되고 있는 도주(道州)제 개혁으로 구분할 수 있다(김영재, 2008: 39).

1) 시 · 정 · 촌 합병

그동안 일본은 교통과 통신의 발달로 주민새활권의 확대에 따라 시정촌 행정구역의 통폐합을 통하여 지속적으로 정 · 촌의 수를 감소시키고 시를 증가시켜 왔다. 일본에서 시정촌은 우리나라의 시군구와 같은 기초자치단체의 지위를 가지고 있는데, 일본의 시정촌합병은 크게 1888년의 메이지 대합병, 1953년부터 진행된 쇼와대합병, 2002년부터 실시된 해세 대합병으로 구분된다(조성호 외, 2008).

일본에서 시정촌은 1887년 말 71,314개로 지나치게 많이 설치되어 있었다. 이에 따라 메이지정부는 시정촌합병을 통하여 에도시대부터 자연발생적으로 형성된 정 · 촌을 정비하고, 호적사무와 소학교 사무를 처리하여 행정적 · 재정적 기능의 충실화를 유도하여 근대적 지방자치행정 실현을 위한 기초적 여건을 정비하고자 하였다. 합병을 통하여 55,494개의 시정촌이 감소하여 합병후 15,820개가 존치되었다(행정안전부, 2000).

두 번째 시정촌 합병은 패전이후 1953년부터 이루어진 쇼와 대합병이다. 이는 1947년 지방자치법 제정에 따른 중앙과 지방의 기능배분과정에서 새로이 도입된 교육제도가 주 원인이 되었다(조성호 외, 2008). 합병의 방향은 공립중학교 설치요건인 인구 8,000명 이상을 활용하여 행정능률을 높일 수 있도록 규모를 확대하는 것이었다. 합병 추진결과 합병전인 1953년에는 전체 9,869개였던 시정촌이 1995년에는 3,234개까지 감소하게 되었다. 이 시기의 시정촌 합병은 정 · 촌의 수를 감소시키는 데 반해 시를 새로이 지정하여 시의 수는 286개에서 663개로 증가시켰다.

세 번째 합병은 최근 2002년부터 실시되었다. 교통통신의 발달로 인하여 과거 정 · 촌의 행정구역이 비효율성을 노정함에 따라 쇼와 합병과 마찬가지로 정촌은 통합하여 그 수를 줄이는 대신 시를 새로이 지정하여 그 수를 증가시켰고, 이 과정에서 시정촌 합병 추진을 위한 보조금 제도를 도입하여 합병준비 보조금과 합병한 시정촌에 대한 보조금 등을 지급토록 하여 행 · 재정적 인센티브를 도입하였다.[15)]

15) 이러한 인센티브로에서 재정적인 조치로는 ① 보통교부세 산정특례 기간 연장, ② 합병시정촌 지역개발을 위한 건설사업에 대한 합병특례채, ③ 합병시정촌 진흥을 위한 기금조성에 대한 합병특례채, ④ 합병직후 임시적 경비에 대한 보통교부세 조치, ⑤ 합병관계 시정촌간 공채비부담 격차 시정을 위한 특별교부세 조치, ⑥ 도도부현이 행하는 합병지원경비에 대한 특별교부세 조치 등이 있다(행정안전부, 2000: 346).

2) 대도시특례제 도입

일본의 기초자치단체인 시 · 정 · 촌은 인구가 350만을 넘는 대도시에서 인구가 200명인 촌까지 그 규모의 스펙트럼이 지나치게 넓다. 따라서 일정규모 이상의 기초자치단체는 대도시 특례를 인정하여 중앙 및 광역자치단체와의 사무배분을 다른 기초자치단체와 구별하여 대도시 행정을 수행할 수 있도록 한 것이 대도시특례제도로서 '지정시, 중핵시, 특례시' 제도이다.[16)]

지정시의 경우 1986년 도입되어 인구 50만 이상의 시에 지정할 수 있는데 2007년 현재 17개가 지정되어 있다. 지정시는 정령에 의하여 지정되는데 지정시는 하부 행정구 설치가 가능하며 행 · 재정상 특례를 인정받고 있다. 중핵시는 1994년에 도입되었는데, 인구 30만 이상 면적 100㎢이면 지정요건으로 하며 2007년 현재 35개가 지정되어 있다. 중핵시도 제한된 범위에서 행정상 · 재정상 특례가 인정되어 있지만 지정시와 달리 하부행정구를 설치할 수 없다. 특례시는 1999년에 도입된 것으로 인구 20만 이상의 시가 신청으로 인정받을 수 있으며, 제한된 특례를 인정받고 부현사무 중 일부를 특례시에서 이양받을 수 있도록 하였다. 특례시는 중핵시와 마찬가지로 하부행정구를 설치할 수 없도록 되어 있다.

16) 대도시특례제도에 따른 특례시의 지정절차는 다음과 같다. 정령개정을 위해서는 시의회의 의결을 거쳐 도도부현 지사에게 지정 동의를 신청하면, 도부현 지사는 도도부현의 의회 의결을 거쳐 동의여부를 결정하게 되고, 동의가 결정되면 시는 자치성에 지정신청서를 제출하고, 자치성은 '지방자치법 제22조의 19 제1항의 지정도시의 지정에 관한 정령' 에 따라 자치성에서 정령개정을 통하여 대도시 특례인 (지정)시를 지정하게 된다.

3) 동경도의 특별구제 도입

광역자치단체인 동경도는 산하에 기초자치단체로써 27시 · 6정 · 8촌을 두고 있지만, 이들 시정촌 이외에 별도로 특별한 자치권을 가진 23개의 특별구를 설치하고 있다. 특별구는 1943년 7월 동경부와 동경시가 합병되어 동경도제가 채택되면서 동경도 산하에 자치구를 설치함으로써 처음으로 등장하였고, 이후 특별구로 명칭이 변경되었다(김순은, 2000). 등장 초기에는 구청장을 직선으로 하였으나 1950년에 정후복구를 위하여 이를 폐지하는 대신 구의회에서 구의원 중 구청장을 선출하고 도지사의 동의를 얻도록 하였으며 동경도의 특별구는 동경도의 행정기관으로 환원되는 결과를 초래하게 된다.

1975년 구청장 직선제가 부활하는 등 특별구의 자치권 강화를 위한 노력을 전개하였지만, 특별구가 자율적으로 도시계획을 수행하는데 소요되는 재원을 확보하지 못하게 되면서 일반자치단체로서의 지위를 향유하지 못하게 된다(김순은, 2000). 이후 2000년 개혁을 통하여 특별구를 일반자치단체인 시정부와 동일한 지위로 격상시켰고, 동경도와 특별구 간 사무조정에 있어서도 그간 동경도가 특별구에 대한 사무조정 및 통제수단으로 활용하던 조정조례를 폐지하고, 동경도의 권고 또는 조언기능만 인정하여 특별구의 자치권을 강화하였다.

4) 도주(道州)제 개혁 논의

일본의 47개 광역자치단체인 도도부현의 구역은 120년 동안 변화 없이 그대로 유지되어 광역 환경문제나 광역경제권 등 도도부현의 구역을 넘는 광역과제에 대해 광역정부가 제대로 대응하지 못한다는 비판이 제

[그림 4-3] 일본의 도주제 개혁안으로 도주의 수

9도주(道州)	11도주(道州)	13도주(道州)

北海道, 東北, 北關東 信越, 南關東, 中部, 近畿, 中國, 四國, 九州, 沖繩	北海道, 東北, 北關東, 南關東, 北陸, 東海, 近畿, 中國, 四國, 九州, 沖繩	北海道, 北東北, 南東北, 北關東, 南關東, 北陸, 東海, 近畿, 中國, 四國, 北九州, 南九州, 沖繩

자료: 행정안전부 내부자료, 2009.

기됨에 따라 종전의 도 · 도 · 부 · 현을 광역화하고 권한을 강화하여 도주제로 개편하려는 논의가 전개되고 있다(채원호, 2008).[17] 도주제에 대한 주요 논점으로 제시되는 것은 다음과 같다. 첫째, 개편되는 도주의 성격과 지위에 대해서는 국가의 행정기관, 중간적인 단체, 지방공공단체, 연방제의 주 등 다양한 논의가 진행되고 있다. 둘째는 도주의 구역수와 관련된 논의이다. 제시되고 있는 방안으로는 현재의 47개 도 · 도 · 부 · 현을 개편하여 9개의 도주로 개편하는 방안, 11개도주로 개편하는 방안, 13개도주로 개편하는 방안 등이 논의되고 있다(채원호, 2008).

일본이 추진하고 있는 도주제의 기본적 제도설계는 다음과 같다.[18] 우선 도주의 성격은 광역의 지방자치단체이다. 따라서 이들 광역자치단체

17) 채원호는 도주제 논의의 배경을 다음과 같이 제시하고 있다(채원호 2008). 첫째, 광역 지자체 구역과 경제권과의 괴리로 광역행정 및 광역 경제권에 대한 대응이 필요하다. 둘째, 도도부현의 규모 능력 제고가 필요하다. 셋째, 시정촌 합병과 지방분권 진전에 따른 새로운 정부간 관계구축이 필요하다. 넷째, 재정위기에 대한 대응이 필요하다. 다섯째, 광역 · 기초간 중복행정의 축소 및 특별지방행정기관의 기능이양 필요성이 대두되었다.

18) 도주제의 내용은 행정안전부가 2009년 작성한 '일본의 지방행정개편' 자료를 참조한 것이다.

는 기존의 도도부현을 대체한다. 결과적으로 도주제가 구현되면 일본의 지방해정체제는 도주와 시정촌의 2계층제로 구성된다. 도주의 구역범위는 우선적으로 사회경제적 여건에 추가하여 지리적 · 역사적 · 문화적 여건도 감안하는 것인데 이는 기본적으로 도주체제로의 개선이 기존에 설

〈표 4-4〉 도주가 담당하는 사무 개요

분 야	도주담당사무	
사회자본 정비	- 국도관리 - 1급 하천관리 - 특정 중요항만관리 - 제3종 공항관리 - 보안림 지정	- 지방도관리(광역) - 2급 하천관리(광역) - 제2종 공항관리 - 사방설비관리
환경	- 유해 화학물질 대책 - 수질오탁방지 대책 - 국립공원 관리 - 야생생물 보호, 수렵감시(희소, 광역)	- 대기오염방지 대책 - 산업폐기물처리 대책
산업 · 경제	- 중소기업 대책 - 관광진흥 정책 - 농지전용 허가	- 지역산업 정책 - 농업진흥 정책 - 지정어업 허가, 어업권 면허
교통 · 통신	- 자동차 운송, 내항 해운업등의 허가 - 자동차등록 검사	- 여행업, 호텔 · 여관 등록
고용 · 노동	- 직업소개 - 노동상담	- 직업훈련
안전 · 방재	- 위험물 규제 - 광역 방재계획의 작성 - 무력공격 사태등의 피난지시 등	- 대규모 재해대책
복지 · 건강	- 개호사업자의 지정 - 고도의료 - 감염증 대책	- 중증장애자 복지시설 설치 - 의료법인 설립인가
교육 · 문화	- 학교법인 인가 - 문화재 보호	- 고등학교 설치인가
시정촌간의 조정	- 시정촌간 조정	

자료: 행정안전부 내부자료, 2009.

주: 고딕은 원칙적으로 도주담당 사무로서 국가로부터 권한이양되는 사무

치된 몇 개의 도도부현을 합한 구역임을 의미하는 것이다.

도주가 설치되면 현재 도도부현의 사무는 대폭 시정촌에 이양, 도주는 광역사무로 중심이동해야 하며, 국가(특별지방행정기관)사무는 가능한한 도주에 이양하는 방안을 모색중이다. 한편 도주의 의회는 주민에 의한 직접선거, 비례대표제를 통하여 선출되며, 집행기관의 경우 장을 주민이 직접 선출하는 방식을 모색하고 있다. 다만, 광역자치단체의 도주제 개편과정에서 대도시 등에 관한 특례를 고려하고 있는데, 도주와의 관계에 있어서 대도시권역에 어울리는 구조, 사무배분의 특례 등을 마련하는 것이 타당하다. 도주가 담당할 것으로 기대되는 사무는 〈표 4-4〉와 같다.

제3절 국내외 지방행정체제 개편의 종합적 시사점

주요국의 지방행정체제 개편과정을 검토한 결과 대부분의 국가에서 국제경쟁에서의 우위를 선점하기위하여 구역광역화를 추진하는 경향이 나타나고 있다는 것이 확인되고 있다(박승규, 2008, 하혜수, 2008). 일본에서는 최근 도도부현(都道府縣)의 지방행정체계를 광역행정체계로 개편하는 도주제 도입 논의가 활발히 전개되고 있다. 즉, 광역자치단체인 현행 도도부현을 대신할 도(道) 또는 주(州)를 설치하여 지방자치계층을 도주와 시정촌의 2층제로 구성하자는 것이 주된 골자로서 현재 평균 인구규모 1,000만 정도의 9~13개 도주안들이 제시되고 있다. 영국에서는 1992년 지방자치위원회(Local Government Commission)를 설치하여 단층제 개편을 추진하였다. 광역자치단체인 County 또는 Region과 기초자치단체인 District를 통합하여 Unitary Authority(UA)를 설치한 것이다. 그 결과, 런던지역은 2계층제이며 잉글랜드는 단층제와 자치2계층이 혼재하고 있지만, 타 지역은 모두 단층제로 개편되었다. 나아가서 1997년 스코틀랜드지역에 대하여 자치권을 강화한 지역정부를 창설하여 준연방체제를 구축하였다. 독일에서도 전후 16개주의 광역화에 대한 논의가 꾸준히 전개되어 왔다. 그러다가 1990년 통일 이후에는 경제권과 문화적 동질성 등을 감안하여 6-9개주로 통폐합하는 안들이 제시되고 있다. 프랑스는 22개 레레지용을 6개 대지역으로 통합하는 구상을 발표한 바 있는데 이에 의하면 지역당 인구는 최소 400만, 최대 1,400만에 이르게 된다(하혜수, 2008). 이렇듯 전반적으로 주요 선진 외국에서는 구역운영의 효율성 제고 내지는 국제경쟁력 강화를 위하여 구역의 광역화를 추진하고 있음을 알 수 있다.

구역의 광역화와 관련하여 경제권역의 광역화를 위한 노력도 나타나고 있다. 우리나라에서도 서울, 경기, 인천을 아우르는 대수도권 구상이나 이명박 정부의 7대 광역경제권계획 등이 천명된 바 있거니와 이와 유사한 경제권의 광역화 추세가 주요 외국에서도 나타나고 있는 것이다(박승규, 2008). 예컨대, 영국은 잉글랜드(England) 지역을 9대 광역경제권(region)으로 구분하고 각 권역에 지역경제발전 업무를 담당하는 광역권개발청(Regional Development Agency, RDA)을 1999~2000년중 설치하였다. 프랑스에서는 1960년대부터 리용 등 대도시를 중심으로 한 광역경제권이 자연스럽게 형성되어 오던 중, 1990년대 이후 전국을 대광역권으로 나누어 개발하려는 구상에 대한 논의와 연구가 본격화되었다. 구체적으로, 2000년 국토 및 지역계획단(DATAR)은 22개 Region을 대규모 하천유역을 중심으로 한 6개 대광역권으로 구분하는 제안을 하기에 이른다. 다만, 이같은 대광역권안은 아직은 장기 구상단계에 머물고 있는 것으로 보인다. 독일은 자생적으로 형성된 광역경제권 중에서 연방정부가 1997년 7개, 2005년 4개 등 11개 지역을 대도시권역(Metropolitan

Regions)으로 지정하였다. 이러한 대도시권역은 주민생활, 국토의 효율적 이용 등에 긍정적인 효과를 거두고 있는 것으로 평가되고 있지만, 대도시권역에 해당되는 지역이 독일 전체에서 일부분에 그치고 있어 전반적인 지역경쟁력 향상을 위해서는 국가 전체 차원의 광역경제권 설정이 필요한 것으로 제기되고 있다. 일본에서도 2005년부터 8대 광역지방계획구역의 구축에 대한 논의가 추진되고 있다(이동우 외, 2003).

위에서 살펴본 바와 같이 영국, 프랑스, 독일, 일본 등 주요 선진국들은 지역의 국제 경쟁력을 높이고 자립적 발전을 도모하기 위해 기존의 자치구역을 광역단위로 재편하거나 광역경제권역으로 통합하려는 추세를 보이고 있다. 이같은 추세는 국제사회에서 이들 선진국과 나란히 경쟁해야만 하는 상황에 있는 우리로서도 지역의 경쟁력 강화를 위한 조치의 일환으로서 자치구역의 광역화에 대한 논의가 요청됨을 시사해주는 것이라 하겠다(Keating, 1995 참조).

제 5 장 기존의 지방행정체제 개편안

제1절 기존의 지방행정체제 개편안의 개요

1. 기존 지방행정체제 개편안의 종합

지방행정체제 개편을 위한 대안은 이 연구 제2장의 개념에서 검토한 바와 같이 ①자치계층개편과 ②자치구역개편을 기준으로 구분된다. 우선 자치계층개편의 경우 크게 i) 현재의 2계층에서 하나의 계층을 폐지하고 단일계층의 자치계층으로 전면 제도개편을 단행하는 안, ii) 현재의 2계층으로 유지하는 방안이 있다. 이들 두 가지 자치계층개편안 중에 ii)의 자치구역개편의 범위에 따라 다시 세가지 안(2ⓐ, 2ⓑ, 2ⓒ)으로 구분된다.

우선 2ⓐ안의 경우 가장 보수적인 안으로 광역자치단체의 현행유지를 주장하면서 규모의 경제와 행정서비스의 형평성을 고려하여 지방자치단체가 자율적으로 통합을 추진하도록 제도를 마련하는 방안이다. 2ⓑ안의 경우 광역시와 도, 도간에 통합을 통한 광역자치단체간 통합을 주장한다. 통합은 도에서 인위적으로 분리되었던 광역시를 원상회복시켜 도와 통합한 뒤 다시 통합된 도를 전국적으로 유사한 규모의 광역자치단체가 되는 수준에서 도간 2차 통합을 단행한다. 기초자치단체의 경우 제2ⓐ안과 마찬가지로 자치단체의 필요와 지역주민의 의사에 따라 자율적이고 자발적으로 통합을 할 수 있는 제도적 틀을 마련해 준다. 2ⓒ안의 경우 2

ⓑ안과 마찬가지로 광역자치단체의 통합을 주장하지만 통합으로 설치되는 광역자치단체는 '주'의 지위를 가지며 국가체제를 준연방제로 개편하는 것을 주장한다. 이 경우 '주'로 설치되는 광역자치단체는 우리나라의 지방자치단체가 경험하지 못했던 강력한 자치권을 가지게 된다.

행정계층의 변화에 있어서는 2ⓐ, 2ⓑ, 2ⓒ의 모든 대안이 현재의 광역–기초–(행정시 · 구)–읍면동의 4단계 체제가 거의 유지되고 있으며, 다만 행정구의 개수만 증가하거나 감소하는 정도에서 행정계층에 변화가 있다. 한편 제1안인 자치1계층안에 있어서도 기초자치단체가 폐지되고 전국이 수십개의 광역시가 될 경우 광역사무를 처리하는 국가지방광역행정청이 신설되고, 기초자치단체인 시군구가 통합되어 설치되는 광역시에는 기존의 시군구를 기준으로 행정시가 설치되기 때문에 종래의 행정계층의 단축은 일어나지 않는다.

지방행정체제 개편의 주도권이 누구에게 있는가는 행정체제개편과정에서 발생할 수 있는 지역의 저항과 분쟁의 조절장치를 고려할 때 매우 중요하다.

지방행정체제 개편의 주도권을 중앙정부가 가지게 되는 경우 중앙정부는 지역에서 발생하는 저항과 분쟁을 해결해야 하는 역할을 수행해야 한다. 만약 개편의 주도권을 지방자치단체가 가진다면 지방자치단체는 대등한 지방자치단체간 자율권을 토대로 통합과정에서 발생할 수 있는 갈등과 분쟁을 책임지면서, 각각의 자율의사에 따라 시군구간 통합을 추진하거나 시 · 도간 통합을 추진하게 된다. 현재까지 제시된 안을 토대로 행정체계 개편의 주도권을 판단해 보면, 자치2계층을 유지하는 제2ⓐ안, 2ⓑ안, 2ⓒ안의 경우 개편의 주도권을 비교적 지방자치단체가 가지는 방안임에 비해, 제1안의 경우 중앙정부가 주도적으로 지방행정체제를 개편하는 방안이라고 하겠다. 다만 준연방제를 표방하는 2ⓒ안의 경우 헌법적인 차원에서 국가의 행정체제 전반을 개편해야 하기 때문에 어느 한 주

〈표 5-1〉 지방행정체제 개편안의 구분

구 분	자치계층 개편	광역자치단체 구역조정	기초자치단체 구역조정	행정계층	행정체제의 개편주도권
제1안	자치1계층	전국을 광역시화 (도폐지, 통합기초자치단체를 광역시로)	기초자치 단체 폐지	- 국가위임사무 처리 위해 국가지방광역행정청 설치 - 통합시 밑에 행정구 또는 출장소 설치	중앙정부
제2ⓐ안	자치2계층	현행유지	광역화 (자율통합)	—	지방자치단체/중앙정부
제2ⓑ안	자치2계층	통합(광역시 · 도 · 도간 통합: 광역화)	광역화 (자율통합)	—	지방자치단체/중앙정부
제2ⓒ안	자치2계층	통합(초광역자치단체, 준연방)	광역화 (통합)	—	헌법차원

체가 주도권을 가지고 추진한다는 것을 판단하기 곤란하다(〈표 5-1〉 참조).

2. 개편안의 쟁점[1]

지방행정체제 개편을 위하여 제기되어 있는 모든 대안은 각각의 장점과 단점을 모두 가지고 있다. 따라서 대안들 간에 다른 대안보다 절대적으로 우월한 대안은 없다. 따라서 개편대안들이 가지고 있는 쟁점과 각 쟁점별 장단점을 모색하고 이를 준거로 개편방향을 제시하는 것이 필요하다. 현재 제시되어 있는 개편안의 주요 쟁점은 다음과 같다.

1) 하혜영 등(2008)도 이 보고서에서 제기하고 있는 쟁점과 동일한 쟁점을 제기하고 있는데, 지방행정체제개편에 대하여 논의하고 있는 대부분의 연구자들은 직간접적으로 현재 논의되고 있는 지방행정체제 개편의 쟁점으로 이 세 가지를 들고 있다.

1) 행정계층의 수준: 2계층제와 단층제

현행의 자치2계층을 유지하는 2ⓐ~2ⓒ안의 경우 주요국의 자치계층 수와 같은 2계층을 지향하면서 행정구역개편을 중심으로 논의를 전개하는데 비해, 제1안에서는 계층을 축소하여 단층제로의 개편을 주장한다. 단층제 개편을 주장하는 경우 현재 제기되어 있는 안은 광역을 폐지하고, 현재 230여개로 분화되어 있는 시군구를 통합하여 60-70여개의 광역시로 개편하는 것을 주된 내용으로 하고 있어 중요한 쟁점으로 부각되어 있다. 즉, 제1안의 경우 자치계층을 축소하는 것이 적합한지를 둘러싼 쟁점과 함께 정부수립이전부터 설치된 현재의 기초자치단체 행정구역을 3-4개씩 통합하는 것이 바람직한 것인지, 그리고 60-70개의 통합시를 출범시키면서 전국을 4-5개의 초광역권으로 구분하고 이들 초광역권에서 국가사무를 담당할 광역행정청을 신설하는 것이 바람직한 것인지에 대한 쟁점 등이 다양하게 부각된다.

2) 행정구역의 개편 정도: 광역자치단체의 통합과 시군통합

행정계층을 1계층으로 개편하거나 현재와 같이 계층으로 개편하는 것과 상관없이 행정구역의 개편의 정도와 범위는 행정체제 개편에서 매우 중요한 쟁점이다. 앞서 이론적 논의에서 검토한 바와 같이 행정구역을 통합하여 능률성과 규모의 경제를 꾀할 수 있다는 주장과 분리를 통하여 민주성을 확보하고 형평성을 구현하는 것이 더 바람직하다는 이론적인 논의에 대한 실증연구의 결과는 상호 상반된 결과를 보고하고 있어 선험적으로 통합과 분리 중 어느 하나가 가장 적합하다고 판단하기 어려운 것이 현재까지의 논의 결과이다.

그리고 행정구역 개편의 정도와 수준은 지방자치의 의미를 존중하면서 생활권과 행정구역이 일치하지 않는 자치단체를 통합하고, 만약 규모의 경제를 달성할 수 있을 경우 지역자율의 의사에 맞게 스스로가 자율적으로 개편하도록 유도하는 것이 바람직하다는 것이 현재까지의 일반적인 논의이다. 그러나 광역자치단체의 구역개편과 기초자치단체의 구역개편을 종합하면 지방행정구역개편의 유형은 매우 복잡하다. 첫째, 광역폐지 기초통합 유형이 있고, 둘째 광역통합 기초유지, 셋째 광역유지 기초통합이 가능한 유형이다. 어느 유형이 적합한지는 결국 앞서 행정구역개편의 기준에서 검토한 바 있는 규모의 경제성, 행정의 민주성과 능률성, 서비스의 형평성 등을 기준으로 이론적 평가 또는 질적 평가를 통해서 가능할 것이다.

3) 중앙 · 지방 및 지방정부간 기능조정

지방행정체제 개편을 통하여 지방자치계층이 조정되고, 행정구역의 개편이 이루어지게 되면 반드시 수반되어야 하는 것이 정부간 기능조정의 문제이다. 그동안 정부간 기능조정에 대해 연구자별로 상당한 이견이 있어 왔던 것이 사실이다(이규환, 2008, 하혜수; 2008).

여러 가지 주장은 크게 두 가지로 분류할 수 있다. 첫째는 광역자치단체와 기초자치단체간 기능을 완전히 분리하도록 하는 방안으로, 현재와 같이 광역과 기초가 중복적으로 처리하도록 되어 있는 사무를 완전히 분리하여 광역사무는 광역자치단체만 수행하고, 대민행정업무는 일선의 기초자치단체에서만 수행하도록 배분하는 것을 주장한다.

둘째는 광역자치단체 기능을 국가행정기능으로 전환하는 것인데 이러한 기능조정은 결국 도의 자치기능을 배제하고 이를 국가의 종합하부행정기관화 하는 개편안에서 주장하는 바이다. 이 경우 도가 국가의 종합하부행정기관처럼 작동하더라도 단체장과 의회는 주민에 의하여 선출이 가능하다. 이러한 의견에 더하여 광역자치단체인 시도의 기능을 완전히 폐지하는 대신 광역사무를 국가의 지방행정청이 수행하도록 하는 방안도 있다.

제2절 자치1계층제(단층제안)에 대한 비판적 검토

1. 주요 내용

자치1계층제안은 도를 폐지하고, 시 · 군을 통합하여 전국을 60-70개의 광역시화하는 방안이다. 이 안은 단체장직선제가 실시된 직후인 1996년부터 제시되던 안으로, 2006년 국회 지방행정체제개편특별위원회에서 제시되었다.[2][3] 2005년 특위활동 과정에서는 이 안에 대하여 열린우리당과 한나라당간에는 큰 이견을 보이지 않았다.[4]

이 안의 주된 골자는 광역자치단체인 도를 폐지하고, 기초자치단체인 시 · 군은 통합하여 광역시화 하고, 광역시는 자치구를 행정구로 전환하여 전국의 지방자치단체를 광역시 수준의 단일계층제로 전환하는 것이다([그림 5-1] 참조). 자치1계층이 되어 도가 폐지되면 종래 도가 하던 기능은 개편되는 광역시가 담당하게 되고, 일부 사무는 국가의 하부기관인

2) 국회지방행정체제개편특별위원회는 2005년 10월에서 2006년 2월까지 약 4개월 정도 활동하여 여야는 행정계층의 1단계감축(도폐지), 시군구의 광역화 등에 합의하였으나 이 보고서를 채택하지는 못하고 활동을 종결하였다(박기춘, 2009: 78).

3) 자치1계층안을 흔히 정치권안으로 부르기도 한다(이기우 등, 2009; 안성호, 2009).

4) 다만, 민주당과 한나라당이 이견을 보였던 내용은 서울특별시의 분할 등과 관련된 것이었다.

[그림 5-1] 2006년 국회특위에서 논의된 지방행정체제 개편안

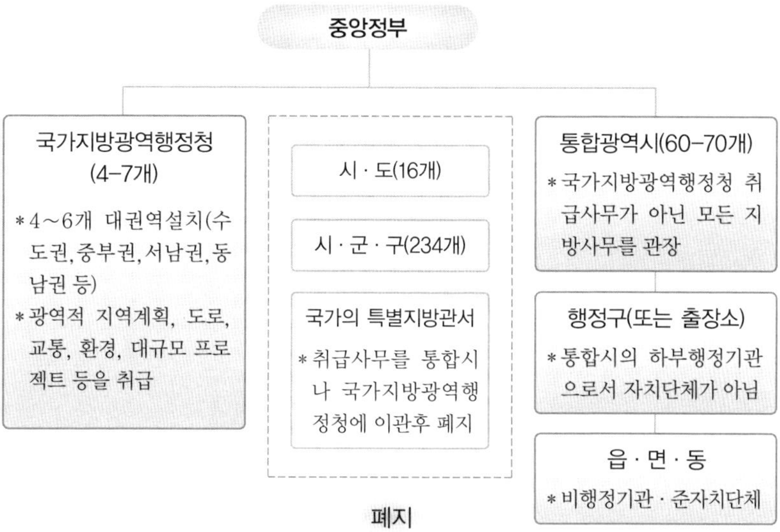

자료: 박기춘, 2009: 83(허태열 의원 홈페이지 참고)

(가칭)국가지방광역행정청을 두고 이를 수행하게 한다. 자치권이 없는 (가칭)국가지방광역청은 전국을 4-6개 권역으로 구분, 권역별로 설치하되 통합광역시의 대표들로 구성되는 준의회적 성격의 '지방광역행정심의회'를 설치하여 자치단체와의 업무협조와 통제를 받도록 한다(박기춘, 2009: 82).

도가 폐지되고, 전국의 230개 기초자치단체가 통폐합되면 기존의 광역시와 함께 전국이 60-70여개의 광역시로 재구조화된다. 이는 기존의 광역자치단체인 전국 8개도(제주특별자치도 제외)를 몇 개의 통합되는 시군으로 분할하여 전국을 중규모의 광역시화 하는 것에 해당되며, 종래 국가와 기초자치단체간 조정자로서 광역자치단체인 도 또는 광역시를 폐지하여 국가와 광역시간 직접적인 정부간관계를 형성하는 것을 의미한다. 따라서 자치1계층제안은 지방자치단체(도)의 규모를 축소하겠다는

[그림 5-2] 2006년 국회 지방행정개편특위의 전국 70개 광역시 검토안

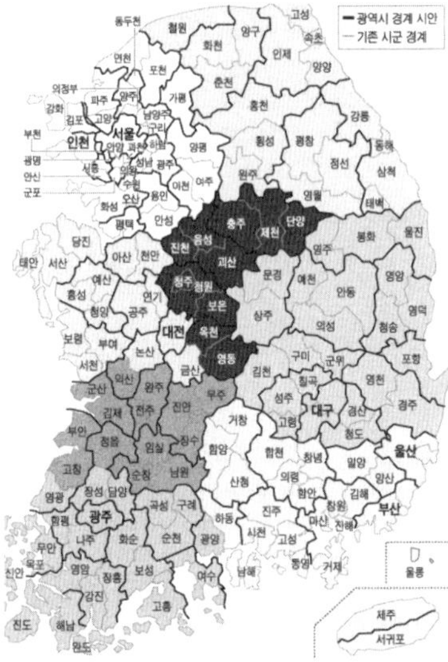

자료: 조선일보, 2008. 9.1일자 기사[5]

지방정부의 축소구상을 주장하는 것이라고 볼 수 있는 것으로, 대지역주의를 소지역주의로 분할하는 것이라 할 수 있다(이기우 등, 2009: 27-28).

이 안에 따르면 시군구를 통합한 이후 읍 · 면 · 동의 준자치단체화를 추진하게 되어 있다. 이 경우 광역시-읍 · 면 · 동의 2계층제가 유지되고, 준자치단체화 된 읍면동은 주민참여와 주민자치의 장으로 전환하게 된다. 이를 위하여 현행 행정계층인 읍 · 면 · 동에서 공무원은 철수하고 행정기능을 폐지함으로써 행정계층에서 제외하는 대신 순수 주민에 의한 한정된 자치권만 허용하도록 전환된다. 한편, 읍 · 면 · 동 자치가 완전히 정착될 때까지는 우선은 읍 · 면 · 동에 조세권, 형벌권까지 허용하는 자치법인격은 주지 않고 대표 등 기관선출권과 축제 등 마을행사 개최, 환

5) http://news.chosun.com/site/data/html_dir/2008/09/01/2008090100038.html 참조.

경 및 소비자 보호운동, 소규모 마을 사업과 공동수익사업, 주민부담을 요하는 상급기관의 행정행위에 대한 주민동의권, 마을민원의 상급기관 중계기능 등을 주된 취급사무로 배분하고, 주민만에 의한 순수한 주민자치기관으로 기능하게 한다는 것이 주된 내용이다.

2. 자치1계층제의 논거

자치1계층제(단층제화) 주장의 논거는 다음과 같다(국회 지방행정체제 개편 특별위원회, 2006: 16-19; 박승주 외, 1999). 첫째, 다단계의 행정계층은 기능의 중복은 물론 과다한 인력과 예산, 시간을 소요하고 고비용 · 저효율을 조장하며 주민불편을 심화시키고 있다. 현재 다계층 중복구조로는 행정계층간 거래비용을 증가시키고, 마찰과 갈등을 야기하며, 절차적 규제가 심각하여 행정의 자기완결성이 부족하다. 또한 다계층구조 하에서는 불필요한 인력, 예산 등이 소요되어 행정의 비효율이 나타난다.

둘째, 중층구조 하에서는 중앙정부에서 이양된 권한도 둘로 나눠야 하기 때문에 자치단체의 권한이 분산되고 역량이 약화된다. 특히 기초자치단체장의 직선은 광역자치단체와 기초자치단체간 대등한 지위를 요구하면서 전통적인 광역-기초간의 상하관계를 변화시켜 광역자치단체의 권위와 위상을 하락시킨다. 또한 심각한 불균형과 인구감속 속에 존립의 위협을 받고 있는 현실에서 지방분권은 지역간 불균형을 심화시키기 때문에 중층제를 개선하고 몇 개의 기초자치단체를 통합하여 지방자치단체의 규모를 단층제인 광역시 수준으로 키울 필요가 있다.

셋째, 현재의 시 · 군 · 자치구는 지나치게 작은 규모 때문에 규모의 불경제와 자치단체간 불균형이 발생하기 때문에 기초자치단체 2-3개를 통합하여 규모의 경제의 이점을 살리고 이를 통하여 지방자치단체의 경쟁력을 강화해야 한다.

넷째, 생활권과 경제권의 합치를 위하여 필요하다. 교통통신의 발달에 따라 생활권과 경제권이 넓어지면서 행정구역도 이에 따라 넓혀야 하고, 그러기 위해서 시 · 군 몇 개를 하나의 지역으로 묶어 생활권과 경제권을 일치시키고 지역간 인구격차를 줄여야 한다.

다섯째, 현행 지방행정체제는 계층의 축소, 구역의 광역화, 사무의 분권화라는 세계적 추세에 따르지 못하고 있다.

3. 자치1계층제에 대한 비판적 검토

계층축소 및 기초자치단체 통폐합으로 인한 민주주의가 훼손된다는 점은 지방자치의 관점에서 단층제 개편을 비판하는 가장 중요한 논거 중 하나이다(김석태, 2009; 안성호, 2009; 이기우 등, 2009). 지방자치제가 구현되고 지방정부의 자율성이 확보되면 주민은 참여를 통하여 지방자치단체를 통제하고, 지방의 정치과정에 자신들의 의견을 투입하고자 한다. 그러나 지방자치단체의 규모가 참여가능한 범위를 넘게 되면 지역주민은 자신이 지방정치에 참여함에 대한 의미, 즉 지방정치에 대한 효능감(efficacy)을 상실하게 된다. 이는 결국 지방자치가 주민의 참여에 의한 자치로 전개되는 것이 아니라 행정관료의 자율성으로 변질되어 지방차원의 정치와 민주주의를 훼손시킨다. 이러한 점은 기초자치단체의 정부규모가 커질수록 주민참여가 감소되는 경향이 있음을 보고하고 있는 다양한 선행연구를 통하여 지지되고 있다(안성호, 2009).[6] 도폐지로 인한 민주주의의 훼손 이외에 자치1계층론을 주장하는 연구자들이 논거로 제

6) 안성호 교수는 이러한 경험적 연구로 Netwon(1982), Martin(1995), Larsen(2002), Denters & Rose(2008)의 연구를 제시하고 있다.

시하고 있는 각각의 논거에 대한 비판은 아래와 같다.

우선, 자치1계층제론은 광역-기초간 업무의 중복수행에 따른 비효율을 중요한 논거 제시하면서 단층제로의 전환을 주장한다. 그러나 이러한 문제는 우리나라 지방행정계층이 다층제여서 발생하는 것이 아니라 광역자치단체와 기초자치단체간 업무가 중복되어 배분 · 수행되기 때문에 나타나는 것이다. 즉, 기능배분을 담당하는 중앙정부가 정부간 기능배분을 잘못했기 때문에 발생하는 것이다(강재호, 2005). 실제 자치단체의 고유사무를 기준으로 할 경우 지방자치법시행령에 예시되어 있는 시 · 도 사무의 27.6%는 시 · 군 · 구 사무와 중복되어 있으며 시 · 군 · 구 사무의 24.6%는 시도 사무와 중복되어 있다(홍준현, 1997; 강재호, 2005). 단층제를 주장하는 박승주 등(1999: 201)이 지적하는 바와 같이 1997-8년 사이에 전라북도와 관할 기초자치단체간 업무배분과 관련하여 시 · 군 집행사무에 대한 도차원의 계획수립 사무가 전체의 44.6%에 해당되고, 시 · 군과 관련 없거나 중복된 사무를 배제하고 순수하게 도에서 처리하는 사무는 전체사무의 10%에도 미치지 못하는 것으로 나타났다. 이러한 광역자치단체와 기초자치단체간 기능중복의 원인은 다층제라는 자치계층상의 문제에 있는 것이 아니라 우리나라 지방자치법 제9조가 개괄적 예시주의 방식에 따라 동일하거나 유사한 사무를 시도와 시군구의 양자에 모두 인정하고 있기 때문에 발생하며(강재호, 2005), 광역차원의 행정기능 수행을 지방자치단체에 두지 않고 국가가 직접 관할하는 특별지방행정기관을 설치하여 운영하기 때문에 발생하고, 외국의 광역자치단체와 기초자치단체간 기능의 명확한 배분이 우리나라에는 적용되지 않기 때문에 발생하는 문제이다. 따라서 이러한 문제를 해결하기 위해서는 현재의 다층제를 폐지하고 단층제로 개편하는 것 보다, 다층제의 민주성과 규모의 경제성과 효율성의 장점을 살리기 위하여 중앙과 지방, 광역과 기초간 사무 재조정을 통하여 극복할 사항인 것이다(홍준현, 2006).

둘째, 다층제의 경우 거래비용이 발생하여 행정의 비효율이 노정된다는 비판에 대하여, 단층제의 경우 오히려 조정비용이 더 들어가게 된다. 이와 관련, Ostrom et al.(1993)은 공공서비스의 지방공급과 관련하여 다중심의 체제가 더 효율적인 제도임을 주장하고 있는데, 이는 이른바 중층제적인 지방행정서비스 공급이 거래비용을 줄이고, 개별자치단체에 대한 중간수준의 감독 또는 서비스 공급이 가능하기 때문에 더욱 효율적인 서비스공급이라는 점을 뒷받침한다. 또한 전국이 단층제가 될 경우 중앙정부의 예산이 소요되는 사업을 지방에 추진하려 할 때 중앙정부는 전체 70여개의 대등한 지방정부와 상대를 해야 하지만, 중층제의 경우 단계를 나누어 16개 광역과 합의하여 일차적으로 조정하고, 다시 광역자치단체는 관할하의 30-40여 기초자치단체의 조정자가 되어 상호 합의를 유도하여 갈등을 감소시키면서 사업을 추진할 수 있다. 광역자치단체는 정부간 관계에서 조정자 역할을 담당케 하여 불필요한 거래비용을 줄이고 행정의 효율성을 높이는 것이다.

셋째, 단층제를 주장하는 논거로 중층제의 경우 지방자치단체의 역량이 약화된다는 주장에 대해서는, 도를 폐지하게 되면 오히려 지방자치단체의 역량이 약화된다는 비판이 있다. 도를 폐지하게 되면 광역시가 되는 통합 기초자치단체는 중간에 조정자 없이 중앙정부와 직접 맞닿게 되므로 중앙정부에 대하여 지방자치단체의 자율성을 유지할 수 없게 된다(이기우 외, 2009).

넷째, 시 · 군 · 구 통합을 통한 규모의 경제효과와 관련해서도, 다양한 이론적 · 경험적 연구들은 규모의 경제와 효율성 간의 명확한 관련성을 찾아내고 있지 못하다는 점을 들어 단층제안을 비판한다(안성호, 2009: 88-91). 우선 이론적으로 정부가 수행하는 기능들은 기술적으로 상호 모순된 기능이 많다.[7] 따라서 한 기능에서 규모의 경제를 구현할 경우 다른

7) 예컨대, 환경보존과 산업개발, 지역개발 등은 대표적인 모순된 기능에 해당된다.

기능에서는 규모의 불경제가 발생할 가능성이 크다. 결국, 다양한 공공서비스의 욕구를 모두 충족시킬 수 있는 최적의 지방정부 규모는 존재하지 않는다(Scanton, 2007: 74, 안성호, 2009 재인용). 둘째, 정부의 서비스 공급 및 생산방식의 다양성으로 인하여 규모의 경제를 적용하기 곤란하다.[8] 셋째, 공공서비스의 경우 양적으로 측정되지 못하는 질적 요소가 많지만, 규모의 효율성은 서비스의 질을 담보하지 못한다. 따라서 이론적으로 시 · 군 · 구 통합을 통한 규모의 경제효과를 기대하기 어렵다. 한편, Byrenes & Dollery(2002), Dollery & Crase(2004) 등은 관련 선행연구를 실증적으로 종합적으로 분석한 결과 지방정부의 규모를 키우는 것이 규모의 경제와 관련이 크다고 확증하기 어렵다는 결론을 내리고 있다(안성호, 2009: 89). 한편, 국내의 경우도 1995년부터 진행된 시 · 군통합이 규모의 경제를 달성했는지에 대한 선행연구를 분석한 유재원(2009)의 연구에서 양자간의 명백한 관련성을 증명할 수 없다는 점을 밝히고 있다.

다섯째, 세계적인 동향이 단층제와 광역화이기 때문에 이를 반영해서라도 단층제로 개편하면서 전국을 광역시화 해야 한다는 주장이 있다. 그러나 주요국가들의 지방행정체제의 현황과 개편방향은 다층제를 유지하면서, 규모의 경제라는 이점을 얻을 수 있도록 광역자치단체를 더욱 광역화 하고 있다. 그리고 기초자치다체의 규모에서도 본서 제3장의 주요국 기초자치단체 규모를 우리와 횡단면적으로 비교한 결과를 보더라도 우리나라의 기초자치단체의 규모는 너무 크기 때문에 의도적인 통합보다는 현재를 유지하거나 미세한 조정을 통하여 실제 생활권과 경제권간 불일치가 일어나는 자치단체를 자발적으로 통합하도록 하는 것이 더욱 바람직하다.

---

8) 예컨대, 공공부문은 민간위탁 등의 방식으로 다양한 서비스를 공급하는데 이 경우 단일 자치단체로서 규모의 경제 개념을 적용하기 어렵게 된다.

제 6 장 바람직한 지방행정체제 개편 방안*

제1절 지방행정체제 개편의 기본방향

1. 자치2계층 유지

우리나라의 지방행정체계에서 자치계층은 2계층제를 유지하면서 행정구역의 개편논의로 전개되는 것이 바람직하다. 주요국의 지방행정체제 현황과 개편사례에서 확인한 바대로 대부분의 주요국가는 2계층을 근간으로 하고 있으면서 심지어 3계층 또는 준3계층의 자치계층을 가지고 있기 때문이다.

그리고, 도 폐지 및 시군통합을 기초로 한 자치구역개편안은 지방의 대외경쟁력 확보 차원에서는 여전히 과소 규모로 효율성 확보에 미흡한 반면, 기초자치단위에서의 주민접근성을 크게 제약하며 지방의 자율권 보장에 역행하는 것이다. 즉, 효율성에 경도된 제안이면서도 효율성 확보에도 충분하지 않으며, 민주성 차원에 대한 고려에 소홀한 문제가 발생한다(이기우, 2006).

물론 자치단체인 도를 대신하여 국가의 하부행정기관으로서 수개의 광역행정청을 설치하여 국제경쟁력 강화에 기여하도록 도모할 수는 있다. 그러나 그것은 이미 중앙정부의 연장일 뿐, 지방이 세계무대의 주역

* 이 장의 내용은 이승종(2008), 지방역량강화를 위한 광역자치구의 개편방안을 토대로 수정 · 보완하여 작성하였다.

으로 등장한 세계화, 지방화 시대의 요청에 역행하는 개편방향이다. 또한 도의 폐지로 분권화 추세는 중단되고 다시금 집권화로 회귀함으로써 민주성을 지나치게 훼손하는 문제도 간과할 수 없다. 아무리 2-3개 시군이 통합하여 확대된 규모라 하더라도 기초자치단체가 도의 매개 없이 중앙정부와 맞부딪쳐 호혜적 협력관계를 갖기란 무리일 수밖에 없다. 따라서 본 연구에서 제안하는 지방행정체제의 합리적 개편을 위하여서는 현재의 자치2계층을 유지하는 것을 출발점으로 삼는다.

2. 광역자치단체간 통합

외국 지방자치단체의 규모 현황과 전반적인 개편동향을 고려하면 광역자치단체의 통합이 시대적 요청이요 흐름인 것이 확인된다. 가장 최근에 이루어지고 있는 프랑스의 지방정부 개편방향, 우리나라와 지방행정체제가 가장 유사한 일본의 도주제 개혁시도 역시 모두 지방자치의 근간을 유지하면서 지방정부의 경쟁력을 강화하고 지역균형을 확보하기 위하여 광역자치단체간 통합을 통한 규모 확대를 시도하고 있다. 그리고, 우리나라 지방자치단체 중 광역자치단체 행정구역의 규모는 본 연구에서 검토하고 있는 주요국의 행정구역 규모에 비해 작은 것이 현실이다. 결국 지역의 경쟁력을 강화하고 역사성과 생활권을 일치시키기 위해서는 광역자치단체간 통합은 필수적인 것이다.

3. 기초자치단체간 자율통합 유도

광역자치단체를 경쟁력 있는 수준의 규모로 통합하게 되면 기초자치단체는 조금 더 세밀하게 자신의 관할구역 내에서 효율적이고 형평성 있는 행정서비스를 공급해야 한다. 이 경우 우리나라 기초자치단체의 행정구역 개편은 중앙정부에 의하여 의도적으로 통합(또는 구역조정)을 추진하기보다는 현행 체제를 준거로 기초자치단체의 자율의사에 의하여 통합을 시도하도록 하는 것이 바람직하다. 이러한 방식이야말로 지방행정체제 개편 과정에서 양립불가능할 것 같은 지방행정의 민주성과 능률성 이라는 이념을 구현할 수 있는 가장 좋은 방법이라고 할 수 있다. 또한 대도시 자치구는 생활권과 자치권을 일치시키는 방향으로 통합을 유도할 경우 관할구역내 거주하는 주민들의 정서와 편의, 행정서비스 측면에서도 가장 바람직한 기초자치단체 구역개편 방안이 될 것인데, 이 또한 지역주민과 해당 자치단체간의 자율적인 의사에 기초하는 것이 바람직할 것이다.

제2절 광역자치단체의 구역 개편방안

1. 광역자치구역의 현황분석

우리나라의 광역자치구역은 1특별시, 6광역시, 9개도 총 16개 시도로 구성되어 있다. 여기서는 광역시와 도의 통합에 기초한 광역자치구역의 개편을 논의하기 때문에 먼저 대도시로서 도와 대등한 지위를 인정받고 있는 광역시의 현황에 대한 검토가 필요하다. 우리나라에서 대도시에 대한 특수한 지위의 인정은 서울시에 대한 특례인정으로 출발하였다. 즉, 1962년 1월 제정된 서울특별시행정에관한특별조치법(법률 제1015호)에 의거하여 서울특별시는 국무총리 직속의 도시가 되었다. 과거의 직할시, 현재의 광역시 제도는 원래 경상남도 관할하의 일반시였던 부산시의 인구가 136만에 이르게 되자 도의 관할로는 도시행정수요를 충분히 대응하지 못한다는 이유로 1962년 1월 법률 제1173호(부산시정부직할에관한법률)로서 부산시를 정부직할로 둔데서 비롯되었다(한국지방행정연구원, 1998: 101). 이후 1981년 대구시, 인천시, 1986년 광주시, 1989년 대전시가 소속 도로부터 분리되어 직할시로 지정되었다. 1995년 지방자치법 개정(법률 4789호)으로 직할시는 광역시로 개칭되었고 1997년에는 울산시가 광

〈표 6-1〉 2006년 광역자치단체 현황

	면적 (km^2)	인구 수 (명)	지역내 총생산 (백만원)	지방세징수 (백만원)
서울특별시	605	10,181,166	193,108,220	11,306,413
인천광역시	1,002	2,624,391	41,012,262	1,945,257
경기도	10,132	10,906,033	175,162,524	10,720,678
부산광역시	765	3,611,992	47,983,890	2,579,278
울산광역시	1,057	1,092,494	41,500,523	943,585
경상남도	10,522	3,172,857	57,708,548	2,316,613
대구광역시	884	2,496,115	27,928,390	1,659,771
경상북도	19,026	2,688,577	57,445,632	1,798,727
광주광역시	501	1,407,798	19,149,887	885,554
전라남도	12,095	1,942,925	41,006,468	1,060,644
전라북도	8,055	1,868,365	26,297,387	915,356
대전광역시	540	1,466,158	19,454,776	1,080,507
충청남도	8,600	1,974,433	51,075,324	1,551,017
충청북도	7,432	1,494,559	27,495,369	1,041,159
강원도	16,613	1,505,420	23,539,997	1,055,398
제주도	1,846	558,496	7,565,795	433,744
평 균	6230	3,061,986	53,589,687	2,580,856
변이계수	1.00	0.99	0.99	1.30

자료: 국가통계포털(www.kosis.kr) 2006년 자료임.

역시로 승격되었다. 참고로 우리나라 광역시를 포함하여 우리나라 광역자치단체의 현황을 제시하면 〈표 6-1〉과 같다.

현재와 같은 광역시와 도의 분리체제에 대해서는 많은 논자들이 문제점을 지적하여 왔다(강병수 · 이찬원, 2005; 홍준현, 2000: 116-117; 강효석, 1998: 120; 유재원, 1997; 이달곤, 1995; 임석회, 1994). 예컨대, 광역시와 도의 분리에 따른 문제점을 집중적으로 조명한 강병수 · 이찬원(2005)은 잔여 도부의 문제, 광역시와 도간 발전의 불균형, 생활권과 행정구역의 불일치, 도의 재정악화, 예산낭비 및 능률저하, 광역행정의 곤란, 광역시민과 도민간 갈등 등을; 홍준현(2000), 임석회(1994)는 생활권의 범위와 행정구역의 불일치, 중심도시와 배후지의 인위적 분리, 도의 재정력 약화 등을; 유재원(1997)은 지역공동체 파괴 및 지역이기주의 조장, 중심도시와 배후지의 인위적 분리, 광역행정수요에 효과적 대처 곤란, 행정비능률과 낭비, 도청이전에 따른 비용, 잔여 도부의 공동화, 국제경쟁력 취약 등을 지적하고 있다. 다른 논자들의 지적도 이와 크게 다르지 않다. 이들 논의를 중심으로 광역시와 도의 분리에 따른 문제점을 요약하면 다음과 같다.

첫째, 광역시와 잔여 도부의 불균형 발전이다(강병수 · 이찬원, 2005; 소진광, 2001; 이달곤, 1995). 광역시와 도는 원래 동일한 지역공동체임에도 불구하고 이를 인위적으로 분리하여 지역간 이기주의를 조장하고 광역시와 도의 균형발전을 저해하였다. 잔여 도부의 경우 행정 · 경제 · 사회의 중추기능을 상실하여 자율적 발전역량이 위축되고 광역시와 연계발전을 하는데 장애를 겪게 되었다(박응격, 1993). 또한 광역시로 전출하는 인구가 늘어 도가 공동화되는 문제도 있다. 광역시는 잔여 도부에 비하여 발전역량 측면에서 상대적으로 우위에 있게 되었지만 광역시 역시 내부의 공간만으로는 대도시 서비스 수요를 충족시키기에 곤란한 상황에 처해 있다. 이와 관련, [그림 6-1]은 광역시가 잔여 도부에 비하여 월등

[그림 6-1] 시도 간 재정자립도 비교

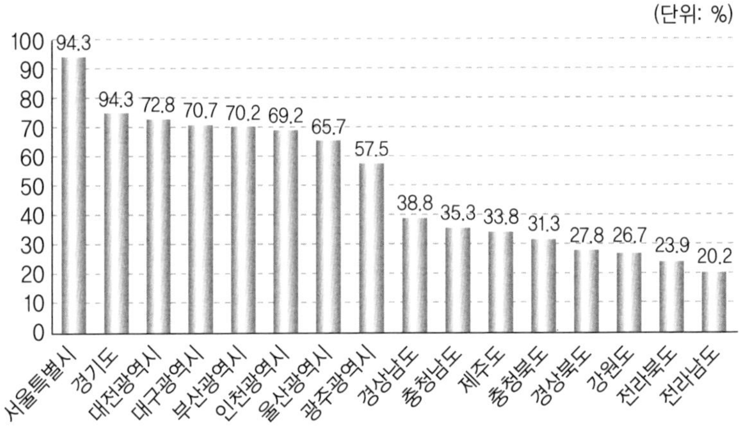

자료: 지방재정공개시스템(www.lofin.mopas.go.kr) 2006년 자료임.
평균: 50.8%, 변이계수: 0.46

히 높은 수준의 재정력을 갖고 있음을 보여 준다. 전체 광역자치단체의 재정자립도 평균이 50.8%인 상황에서 광역시는 전부 평균 이상인 반면, 경기도를 제외한 모든 도는 평균 이하의 재정자립도를 나타내고 있는 바, 이는 광역시와 잔여 도부의 발전역량 격차를 단적으로 가늠하게 해 주는 것이다. 요컨대, 광역시 제도는 잔여 도부의 공백화 내지는 발전역량 축소, 광역시의 서비스 제약, 그리고 광역시와 잔여 도부의 불균형발전을 조장하는 문제가 있다. 이러한 상황에서 향후 인구 100만을 상회 또는 근접하고 있는 수원, 안양, 성남, 부천, 광명, 전주, 마산 등이 광역시로 승격될 경우 전국토의 광역시화를 초래하고, 이에 따라 광역시와 잔여도부의 불균형 발전문제는 전국적인 문제로 확산될 가능성이 있다.

둘째, 생활권과 행정구역의 불일치 문제이다(홍준현, 2000; 임석회, 1995). 광역시와 도는 기본적으로 동일한 생활권 또는 경제권에 속해 있는 지역이다. 이와 관련, 〈표 6-2〉는 6대 광역시 통근, 통학 인구조사 결과(2005년 인구주택총조사)를 제시한 것으로서 광역시와 인접 도 지역간

〈표 6-2〉 광역시의 통근 · 통학 흐름

(단위: 천명, %)

	2000						2005						증감(률)			
	통근·통학		통 근		통 학		통근·통학		통 근		통 학		유	입	유	출
	유입	유출	유입	유출	유입	유출	유입	유출	유입	유출	유입	유출		%		%
계	323	629	237	500	85	129	363	689	287	557	75	132	40	12.5	60	9.4
부산	60	123	44	108	16	15	69	124	53	112	16	12	10	15.9	1	0.6
대구	45	124	31	78	14	46	42	138	32	93	10	45	−3	−6.0	14	11.0
인천	124	254	98	211	26	43	162	280	137	228	25	52	39	31.3	26	10.0
광주	32	55	18	47	13	9	24	63	15	54	9	8	−7	−23.4	7	13.0
대전	35	53	21	45	15	8	35	63	22	55	12	8	−	−1.4	10	19.5
울산	27	20	25	11	2	8	30	22	28	15	2	7	3	10.3	2	10.2

자료: 통계청(2006). 2005 인구주택총조사 표본집계결과(인구이동, 통근 · 통학 부문)

상당한 생활권의 연계성이 있음을 보여준다. 〈표 6-2〉에서 보는 바와 같이, 2005년 11월 1일 현재 6대 광역시의 경계를 넘나드는 통근 · 통학 인구는 1,052천명이다.[1] 이는 6대 광역시와 인접 도의 총 인구 33,383천명의 약 3.2%에 해당하는 수치이다. 이같은 수치는 광역시와 인접지역의 총 인구 또는 활동인구 대비로 보면 그 의미가 더욱 커질 것이다. 더욱이 이같은 통근 · 통학인구는 이는 2000년의 경우에 비하여 100천명 증가한 수치로서 광역시와 인접 도간 생활권의 연계성이 점증하고 있다는 점도 알 수 있다.

이상의 자료는 통근, 통학에 해당하는 자료만을 제시한 것이지만, 이외에도 지역주민의 일상생활과 경제활동의 지역내 연계성은 더욱 클 것으로 생각된다. 이렇듯, 광역시와 도는 동일한 생활권 및 경제권인데도 시 · 도개발계획이 분리수립됨으로 인해 개발과 투자의 연계성이 결여되고, 도로 · 환경 · 상하수도 · 쓰레기처리 등과 같은 광역행정수요에 효과

1) 인접 광역시로의 통근, 통학비율이 특히 높은 자치단체는 군위군(32.1%), 기장군(21.0%), 양산시(20.5%) 등이 있다. 이들 통근, 통학률은 서울 인근의 자치단체의 높은 통근, 통학률(예, 과천시 52.7%, 고양시 50.5%)에는 미치지 못하지만 상당히 높은 수치라 하겠다(홍준현, 1998).

적으로 대처하지 못하는 문제가 발생하게 되었다. 더욱이 교통 · 통신의 발달, 도시화 및 교외화로 인해 국민 생활권의 광역화가 급속히 진행되는 오늘날, 세계적으로 광역행정구역이 확대되고 있는 추세와는 달리 도에서 광역시를 분리하여 행정구역의 범위를 축소함으로써 생활권과 행정구역의 괴리를 더욱 확대시켰다. 이에 따라 지방공공서비스의 외부효과가 증가하였고 이에 따라 공공서비스에 대한 재정투자와 분담의 효율적 배분이 저해되고, 자치단체 간 갈등이 확대되었다.

셋째, 예산낭비 및 지역간 갈등요인의 문제이다(강병수 · 이찬원, 2005; 이달곤, 1995). 행정기관과 산하단체의 중복설치로 인해 불필요한 행정기구 및 공무원 수의 증가를 초래해 행재정낭비의 원인이 되고 있다. 공공광역시설의 중복투자, 각종 행사의 별도 추진 등 불자치단체간 불필요한 경쟁에 의한 낭비요인도 있다. 아울러 광역시에 위치한 도청이 도내로 이전하는데 따른 비용도 막대하여 국가적 낭비요인이 되고 있다. 또한 도청이전 추진과정에서 확산되는 도내 지역간 갈등은 광역시와 도를 분리한데 따른 비용이 아닐 수 없다.

넷째, 국제경쟁력 취약의 문제이다(유재원, 1997). 지방이 국제사회에서 행위주제가 되는 세계화시대에 시 · 도가 분리될 경우 양자 모두 국제경쟁력을 갖추기가 어려운 문제점이 있다. 각각으로서는 국제무대에서 경쟁하기에는 규모가 작고, 지역적 문제를 처리하기에는 규모가 크다. 물론 앞에서 살펴본 바와 같이 어느 정도의 규모가 적절한 규모인가에 대해서는 여전히 불명확한 부분이 있다. 그렇지만 비교론적으로 볼 때, 우리 광역자치구역규모는 작은 편에 속하는 것으로 볼 수 있다.[2)]

다섯째, 광역행정의 곤란문제이다(유재원, 1997; 강병수 · 이찬원, 2005).

---

2) 우리나라 광역자치구역의 평균규모는 영국보다는 약간 크지만 독일, 호주, 미국, 캐나다, 노르웨이, 스페인, 프랑스, 이탈리아, 일본 등 대부분의 선진국보다 작다(이동우 외, 2003: 30).

광역시의 관할 구역을 넘는 공공서비스의 편익과 비용의 외부효과를 내부화하지 못하는데 따른 비효율의 문제가 발생한다(Pinch, 1985: 84). 예컨대, 쓰레기매립장, 공동묘지, 하수처리장, 광역교통망 등과 같이 외부효과를 창출하는 도시서비스의 입지 및 운용문제가 해당된다. 사회적 효용을 극대화하거나 비용을 최소화하기 위해서는 대립하는 이익을 유효하게 조정할 수 있을만큼 충분히 큰 관할구역의 설정이 도움이 되지만 현재와 같은 광역시와 도의 분리는 이같은 이점을 충분히 살리지 못한다.[3)]

위의 문제점을 해소하기 위해서는 당연히 광역시와 도의 통합이 필요하다. 그러나 광역시와 도 통합에 대한 반대논거도 만만치 않다. 가장 충실한 반대논리는 김석태(2002)와 김석태 · 이영조(2004)가 제시하고 있다. 우선 김석태(2002)는 시도를 통합의 주요 논거의 하나인 규모의 경제가 불확실하다는 점, 시도통합을 해도 생활권의 불일치는 상존한다는 점, 구역통합의 지역개발효과가 불투명하며 개발재원의 분산을 초래할 것이라는 점, 구역통합에 따른 지역갈등 해소효과가 미흡할 것이라는 점, 광역시의 세수가 감소할 것이라는 점 등을 지적한다. 이와 함께 시도분리의 당위성 논거로서 광역시의 자체 재정력 확보, 시도행정의 차이, 도의 정체성 취약, 시도통합에 따른 비용과 이해관계 조정의 어려움 등을 제시한다.

이와 유사하게 김석태 · 이영조(2004)는 시도통합론과 시도분리론을 비교평가하면서 다음과 같이 통합론을 비판하고 있다. 생활권과 경제권 일치화의 한계,[4)] 시도통합에 따른 행정비용절감 효과 미흡, 대도시행정의 특수성 고려 필요, 거버넌스에 의한 광역행정 가능성 간과, 구역통합이 지역개발의 유일한 수단 아님, 시도통합 후 지정시 도입은 또 하나의

---

3) 대구경북지역의 경우, 낙동강 물관리와 오염대책 · 위천공단조성 · 영남권 복합화물터미널 건립 등에서의 조정문제는 좋은 예이다.

4) 생활권과 경제권의 일치는 보통지방행정구역이 아니라 특별구로 해결해야 한다고 주장한다.

자치계층 추가하는 것 등이 그것이다. 한편, 도 지역보다 높은 광역시의 세수가 상대적으로 낙후된 도 지역에 투자되는데 따라서 광역시 지역의 복리 감소도 문제점으로 지적되고 있다(최준호, 2001: 28; 강효석, 1998: 121). 이외에도 광역시의 정치적 · 사회적 영향력의 감소, 시도통합 이후 도정에서 광역시의 행정수요가 우선순위 면에서 밀려날 가능성, 일반시로 되는 광역시에 교부되는 중앙 재정지원금이 대폭 감소할 가능성 등도 제시된다.

전반적으로 볼 때, 위에서 살펴본 바와 같이 시도 통합의 반대논거 역시 타당한 측면이 적지 않다. 현재 광역시의 독자적 발전을 강조하는 입장은 잔여 도부의 발전과 괴리된 주장이므로 논외로 하더라도, 구역통합이 지역경쟁력 강화의 유일한 수단은 아니라는 점, 거버넌스 방식으로 광역협력을 도출할 가능성이 있다는 점 등에 대한 지적은 경청할 만하다. 그럼에도 불구하고 대체로 지방이 국가와 함께 국제사회에서 행위주체가 되고 있는 세계화 시대에 있어서 과소규모의 지방정부가 갖는 대외경쟁력의 한계가 어떻게 극복될 것인가 하는데는 여전히 관심이 부족한 것으로 판단된다. 아울러 지방자치단체간 협력관행이 축적되지 않은 우리나라에서 거버넌스방식에 의한 광역적 협조가 과연 원활한 것인가 하는 것도 의문이다. 광역행정문제를 특별구로 해결한다 하더라도 지방행정구역의 난립문제가 남는다. 이외에도 광역행정의 잔여 도부의 발전문제, 나아가서 광역시와 도의 균형발전 문제는 여전히 숙제로 남는다. 요컨대, 전반적으로 볼 때, 광역시와 도간 분리체제는 장점보다는 문제점이 더 많은 것으로 판단되며, 따라서 본 연구는 광역시, 도간 통합에 기초한 광역자치구역개편이 필요하다고 본다.

2. 광역시와 도의 통합: 1단계

1) 광역시의 도 편입

앞에서 살펴 본 바와 같이 광역시와 도간 분리에 따른 문제점을 해소하기 위해서는 기본적으로 광역시와 도를 통합하는 것이 바람직하다. 즉, 부산, 인천, 대구, 광주, 대전, 울산 등 6개 광역시를 기초자치단체로 전환하여 원래 소속 도의 관할로 환원하는 것이다. 이렇게 되면 현행 1특별시, 7광역시, 8도의 16개 시도체제는 1특별시 9개 시도체제(즉, 10개 광역자치단체체제)로 전환하게 된다. 이때 시도통합으로 확대된 광역지방자치단체에 대해서는 그 위상에 걸맞게 분권화를 확대해야 할 것이다.

2) 광역시에 대도시 특례부여

광역시는 기초자치단체화 하되 인구와 산업이 집중해있는 대도시의 특성을 감안하여 도로부터의 감독범위를 축소하고 일반시보다 높은 수준의 자율권을 부여함으로써 도시의 자율적 발전을 지속할 수 있도록 해야 한다. 이러한 조치를 충분히하는 것은 통합에 대한 저항을 완화시키는 노력으로서도 중요하다.

구체적으로 기초자치단체로 전환하는 광역시에 대하여 어떠한 위상을 부여할 것인가에 대하여는 일본의 (정령)지정시제가 좋은 참고가 되는데 (이달곤, 1995), 일본의 정령지정도시는 기초자치단체이면서도 일부 광역적 사무에 대한 직접처리를 할 수 있도록 특례를 인정받고 있다. 1956년 지정시제도가 도입된 이래 오사카, 쿄토 등 13개 도시가 지정시 지위를 받았다. 이같은 지정시제도의 도입배경은 한편으로는 사회복지, 보건위생, 건축, 도시계획 등 민생서비스와 관련하여 광역자치단체를 거치는 이중행정을 거치지 않고 직접 처리하게 하여 대도시 행정의 효율화를 기하기 위한 것인 동시에, 다른 한편으로 동경도와 같은 특별시의 법적지위를 요구하는 대도시의 입장과 광역자치단체인 도의 입장을 절충한 것이다(강병수 · 이찬원, 2005). 우리의 경우, 광역시와 도간 통합의 일환으로 제시되는 광역시의 기초자치단체화 제안 역시 일본의 경우와 유사한 배경으로 제안되는 것이니만큼 지정시제도의 도입은 충분히 고려할만한 가치가 있는 것으로 판단된다. 물론 지정시 제도 이외에도 특별구, 스웨덴의 자유자치단체제도 등 다양한 방법으로 차등분권을 시행할 수 있음은 물론이다.[5)]

3) 모든 광역시에 일괄 적용

광역시의 통합은 일부 내륙광역시(광주, 대구, 대전)만 아니라 모든 광역시에 일괄 적용하는 것이 바람직하다. 이에 대하여 일각에서는 내륙지역에 있는 기존 광역시에만 적용할 것을 제안한다. 즉, 해안지역의 부산, 인천, 울산은 광역시로서 기능할 수 있는 여지를 두자는 것이다. 이러한 주장은 세계화가 추진되면서 산업의 고도화와 개방화에 따른 국제적 물동량이 많아지고, 일본과 중국 등의 지역 대도시들과의 연계가 강화될수록 해안지역의 중요성이 높아진다는데 근거를 둔다(이달곤, 1995: 158). 이 같은 주장은 광역시의 발전만을 고려할 때 일정 정도 타당하다. 그러나 광역시의 기초자치단체 환원의 취지, 즉 광역자치단체의 경쟁력 강화를 감한할 때 모든 광역시에 일괄 적용하는 것이 바람직하다고 본다. 일부 광역시에만 적용할 경우, 적용대상이 되는 광역시의 반발도 고려해야 한다. 또한 부산, 인천, 울산이 해당 지역의 교통거점인데 이를 별도의 광역자치단체로 유지할 경우, 잔여도부가 자체적으로 세계로 향할 항만이나

5) 외국의 차등적 분권제도에 대해서는 하혜수 · 최영출(2002)을 참고할 것.

공항이 결여되어 발전에 장애가 될 것이다. 세계화에 따른 국제교류의 증대는 사실상 전체 지역 간 일어나는 일이기보다는 공항과 항만을 주요 연계결절(node)로 삼고 있는 점이 고려되어야 할 것이다.

4) 서울시의 광역자치단체 지위 인정

서울을 경기, 인천과 결합하는 것은 구역규모의 과대화에 따른 비효율의 우려뿐 아니라, 다른 구역과의 격차를 지나치게 확대시킨다는 점에서 바람직하지 않다. 또한 중앙정부의 불필요한 개입으로 지방과의 갈등발생을 포함하여 해당 지역의 자율적 발전을 저해하는 요소로 작용할 우려도 있다. 따라서. 서울시의 경우 경기, 인천과 통합하는 것 대신 가장 규모가 큰 대도시의 수도로서 광역자치단체의 지위를 유지토록 하되, 서울시의 대민서비스 기능은 기초자치단체인 자치구에 이관하고 광역기능을 수행하도록 사무를 재조정한다.

다만, 서울시 자치구의 경우 지나치게 세분화되는 과정에서 생활권과 행정구역의 괴리가 일어나게 되었고, 교통통신의 발달로 인하여 준광역화되는 대도시 생활권을 고려하여 생활권과 행정구역을 일치하기 위한 서울특별시 자치구간의 자율통합을 추진할 필요가 있다.

3. 기대효과: 경쟁력 기반의 강화

광역시와 도의 통합은 분리체제하에서 발생하는 여러 가지 문제해결에 도움을 줄 것으로 기대된다. 서론에서 언급한 바와 같이 주민과 보다 근접한 자치단체로서 민주성이 더 중시되어야 할 기초자치단체에 비하여 광역자치단체의 통합의 경우에는 상대적으로 효율성 또는 경쟁력 강화에 대한 관심이 보다 우선적일 것이다. 따라서 여기에서는 시도통합 후 광역자치단체의 경쟁력 기반이 어떻게 변화하는지에 대하여 살펴본다. 이와 관련, 이하에서는 통합대상 시도를 대상으로 통합 후에 면적, 인구, 지역내총생산, 지방세수가 어떻게 개선되는지를 분석함으로써 광역시와 도간 통합이 지역경쟁력의 기반을 어떻게 강화시키는지를 가늠해 본다(〈표 6-3〉, 〈표 6-4〉 참조).

〈표 6-3〉에서 보는 바와 같이 통합대상 광역자치단체의 면적은 통합 전에는 최소 501㎢(광주), 최대 19,026㎢(경북), 평균 5,920㎢였으나 통합 후에는 최소 9,140㎢(충남), 최대 19,910㎢(경북), 평균 13,025㎢으로 확대된다. 또한 광역정부간 면적의 편차가 적어져서 균형발전의 토대가 강화된다(변이계수가 1.09에서 0.31로 감소). 인구에 있어서는 통합 전 인구가 최소 109만(울산), 최대 1,090만(경기), 평균 303만명이었으나 통합 후에는 최소 335만명(전남), 최대 1,350만명(경기), 평균 667만으로 증가한다. 또한 광역정부간 인구편차가 적어져서 균형발전의 토대가 강화된다(변이계수가 0.90에서 0.64로 감소).

〈표 6-4〉에서 보는 바와 같이 통합대상 광역자치단체의 지역내 총생산은 통합 전에는 최소 19.1조(광주), 최대 175.2조(경기), 평균 52.7조원이었으나 통합 후에는 최소 60.1조(광주+전남), 최대 216.2조(인천+경기), 평균 115.9조원으로 확대된다. 또한 광역정부간 생산액의 편차가 적어져서 균형발전의 토대가 강화된다(변이계수가 0.81에서 0.56으로 감소).

지방세 징수액에 있어서는 통합 전 최소 0.9조(울산), 최대 10.7조(경기), 평균 2.4조원에서, 통합 후에는 최소 1.9조(광주+전남), 최대 12.7조(인천+경기), 평균 5.3조원으로 증가한다. 광역정부간 세수편차는 증가하여 균형발전에 긍정적으로 작용하지 못하나, 단 그 크기는 미미하다(변이계수가 0.16에서 0.18로 소폭 증가).

전체적으로 볼 때, 광역시와 도간 통합은 당연하지만 해당 자치단체의

〈표 6-3〉 통합 후 면적 및 인구변화

(단위: km², 명)

	면적		인구 수	
	광역시 폐지 전	광역시 폐지 후	광역시 폐지 전	광역시 폐지 후
인천광역시	1,002	11,134	2,624,391	13,530,424
경기도	10,132		10,906,033	
부산광역시	765	12,344	3,611,992	7,877,343
울산광역시	1,057		1,092,494	
경상남도	10,522		3,172,857	
대구광역시	884	19,910	2,496,115	5,184,692
경상북도	19,026		2,688,577	
광주광역시	501	12,596	1,407,798	3,350,723
전라남도	12,095		1,942,925	
대전광역시	540	9,140	1,466,158	3,440,591
충청남도	8,600		1,974,433	
평 균	5920	13025	3,034,888	6,676,755
변이계수	1.09	0.31	0.90	0.64

자료: 국가통계포털(www.kosis.kr) 2006년 자료임.

〈표 6-4〉 지역내 총생산 및 재정력 변화

(단위: 백만원)

	지역내 총생산				지방세 징수액			
	광역시 폐지 전		광역시 폐지 후		광역시 폐지 전		광역시 폐지 후	
	총액	1인당	총액	1인당	총액	1인당	총액	1인당
인천광역시	41,012,262	15.63	216,174,786	15.98	1,945,257	0.74	12,665,935	0.94
경기도	175,162,524	16.06			10,720,678	0.98		
부산광역시	47,983,890	13.28	147,192,961	18.69	2,579,278	0.71	5,839,476	0.74
울산광역시	41,500,523	37.99			943,585	0.86		
경상남도	57,708,548	18.19			2,316,613	0.73		
대구광역시	27,928,390	11.19	85,374,022	16.47	1,659,771	0.66	3,458,498	0.67
경상북도	57,445,632	21.37			1,798,727	0.67		
광주광역시	19,149,887	13.60	60,156,355	17.95	885,554	0.63	1,946,198	0.58
전라남도	41,006,468	21.11			1,060,644	0.55		
대전광역시	19,454,776	13.27	70,530,100	20.50	1,080,507	0.74	2,631,524	0.76
충청남도	51,075,324	25.87			1,551,017	0.79		
평 균	52,675,293	18.87	115,885,645	17.92	2,412,876	0.73	5,308,326	0.74
변이계수	0.81	0.41	0.56	0.10	1.17	0.16	0.82	0.18

자료: 국가통계포털(www.kosis.kr) 2006년 자료임.

면적, 인구, 지역생산, 지방세수에 긍정적 결과로 나타난다. 절대적 규모의 향상뿐 아니라 통합된 광역자치단체간 격차를 축소시킴으로써 지역간 균형발전에도 대체로 긍정적 효과를 미칠 것으로 기대된다.

4. 비통합 도와 인접 도의 통합: 2단계

본 제안은 광역시와 도간 통합을 제안하였는 바, 관할구역 내에 광역시가 없는 4개 도(충북, 전북, 강원, 및 제주)는 어떻게 할 것인가? 이러한 문제는 특히 통합으로 확대된 지역과 비통합지역간 격차가 커질 것이기 때문에 중요하다. 생각건대 기본적으로 광역시가 없는 도는 인접 도와 자율적 협의를 통해 통합이 가능할 것이다. 즉, 충북은 충남, 전북은 전남과 통합을 자율적으로 추진하는 것이다. 이들간 통합은 광역시와 도간 통합의 성과 여하에 따라 자동적인 유인이 발생할 것으로 예상된다. 그러나 강원과 제주는 지리적으로나, 통합지역의 과대화로 통합을 모색하기 보다는 현행을 유지하는 것이 불가피해 보인다. 대신 제주특별자치도 설치의 취지를 강원도로 확장하는 것이 바람직할 것으로 판단된다. 즉, 강원과 제주는 현행 상태에서 특화발전을 하도록 지원하는 것이다.

한편 서울시는 다른 광역자치단체와 통합할 경우, 지나치게 구역이 확대된다는 점과 수도로서의 특성을 고려하여 현행을 유지하는 것으로 한다. 자치구도 유지한다. 다만, 서울을 굳이 '특별시'로 지칭해야 하는지는 언제나 의문이다.

5. 대안의 종합

결국 본 논문이 제안하는 바는 1단계 광역시와 도 통합, 2단계 비통합 도와 인접 도간 통합 및 강원, 제주의 특화발전으로 요약된다. 이와 같이 2단계 통합을 상정하는 것은 아무래도 광역시와 원래 소속지역인 도간 통합이 보다 수월할 것이며, 또한 선행 통합지역의 효과에 따라 2단계 통합이 보다 자연스럽게 추진될 수 있으리라 판단한 때문이다. [그림 6-2]는 이같은 광역자치구역개편안을 단계별로 요약하여 보여준다. 즉, [그림 6-2]에서 보는 바와 같이 현행 1특별시, 6광역시, 9도 체제는 광역시와 도간 통합(1단계)으로 1특별시, 9도체제로 변화되었다가, 비통합 도가 인접 도와 자율적으로 통합할 경우(2단계) 1특별시, 7도 체제로 귀결된다. [그림 6-2] 하단의 수치는 통합 이후 면적, 인구, 지방재정력이 증가하여 지방경쟁력 기반이 강화된다는 것을 보여준다. 또한 [그림 6-2] 각 란의 괄호로 제시한 변이계수의 감소경향은 본 제안이 자치구역 확대에 따른 지방경쟁력 강화 효과뿐 아니라 지역균형발전에도 도움이 되는 이중효과를 갖는다는 것을 가르쳐 준다.

한편, 본 연구가 제안하는 광역자치구역개편안(2단계)은 서울을 경기, 인천과 통합할 것을 예정하지 않는다는 점을 제외하면 이명박 정부가 제시하는 7대 광역경제권과 경계를 같이 한다. 궁극적으로 본 제안이 원활하게 추진될 경우, 현 정부의 광역경제권 구상과 기본적으로 맥을 같이 하게 된다.[6] 그러나 정부의 7대 광역경제권과 같이 서울을 경기, 인천과 결합하는 것은 구역규모의 과대화에 따른 비효율의 우려뿐 아니라, 다른 구역과의 격차를 지나치게 확대시킨다는 점에서 바람직하지 않다. 또한

6) 7대광역경제권(또는 5+2경제권)은 수도권(서울, 인천, 경기), 충청권(대전, 충남, 충북), 호남권(광주, 전북, 전남), 대경권(대구, 경북), 동남권(부산, 울산, 경남), 강원권, 제주권 등 7대 경제권을 포함하는 권역구상이다.

[그림 6-2] 대안의 종합

구분	현 행	➡ 광역시 · 도 통합	➡ 충청 · 전라 지역 통합
광역단체	• 1개 특별시 • 6개 광역시 • 9개 도	• 1개 특별시 • 9개 도	• 1개 특별시 • 7개 도
평균 면적 (km^2)	6,230 — (1.00)	9,968 현행 대비 ▲3,738 (0.60)	12,459 현행 대비 ▲6,230 (0.62)
평균 인구 (명)	3,061,986 — (0.99)	4,899,178 현행 대비 ▲1,837,192 (0.88)	12,459 현행 대비 ▲3,061,986 (0.70)
평균 지역내총생산 (백만원)	53,589,687 — (0.99)	85,743,499 현행 대비 ▲32,153,812 (0.87)	107,179,374 현행 대비 ▲53,589,687 (0.69)
평균 지방세징수액 (백만원)	2,580,856 — (1.30)	4,129,370 현행 대비 ▲1,548,514 (1.08)	5,161,713 현행 대비 ▲2,580,856 (0.88)

주: (　)는 변이계수임.

중앙정부의 불필요한 개입으로 지방과의 갈등발생을 포함하여 해당 지역의 자율적 발전을 저해하는 요소로 작용할 우려도 있다. 그러므로 경제권역의 설치보다는 지방경쟁력 강화 요청에 보다 능동적으로 대응할 수 있도록 광역자치구역을 확대개편하는 것이 바람직하다.

일각에서는 보다 더 큰 초광역권역의 설치를 제안하기도 한다. 28개 기초경제권, 7대 광역경제권, 5대 광역권과 함께 3대 초광역권을 제시하고 있는 이동우 외(2003)가 그 예이다. 그러나 경제권역이라 하더라도 지나치게 큰 구역의 설정은 바람직하지 않다. 앞에서 지적한 바와 같이 광역자치단체의 구역을 넘는 초광역권역의 설치는 그것이 경제권역이라 하더라도 중앙정부의 불필요한 개입에 따라 광역단위의 자율적 지방발전을 제약할 소지가 클 뿐 아니라, 구역의 과대화에 따른 비효율의 우려가 있다. 나아가서 초광역구역을 자치구역으로 지정할 경우에는 지방의 분리주의 강화 내지는 국가와 지방간 갈등의 증폭도 우려된다. 그러므로 일정 규모 이상의 초광역적 협력은 인위적 광역권역의 지정이나 초광역자치구역의 설정보다는 자치단체간 협력에 기반한 이른바 신지역주의(new regionalism)로 접근하는 것이 바람직할 것이다.

제3절 기초자치단체 구역 개편방안

1. 원칙: 기초자치단체간 자발적이고 자율적인 통합

기초자치단체의 구역개편은 해당 기조차치단체의 의견을 우선적으로 존중하되, 중앙정부는 지방정부의 자율적이고 자발적인 통합 또는 구역조정을 지원하는 역할을 수행하는 방향으로 전개되어야 한다. 민주성 확보를 위해서는 기초자치구역의 확대에 한계가 있고, 지방자치단체의 구역을 중앙정부가 일방적이고 획일적으로 조정하는 것도 지방의 문제를 가능한 주민이 자율적으로 결정할 수 있도록 하고 있는 지방자치의 이념에 반하는 것이 되기 때문이다.

기초자치단체간 자율적인 통합 원칙하에 기초자치단체의 구역 개편은 다음과 같은 점을 유의하여야 한다. 첫째, 우리 기초자치구역은 이미 다른 국가에 비하여 과대하므로 부득이한 경우를 제외하고는 현행을 유지하는 것이 바람직하다. 다만, 교통 · 통신기술의 발달에 따른 행정의 효율성 요구와 생활권의 일치 요구가 있기 때문에 기초자치단체간 자율적인 행정구역의 통합논의를 제도적으로 제한할 필요는 없다. 따라서 필요한 경우 자율적 의사에 기하여 통합을 결정하도록 유도하는 것이 바람직하다.

둘째, 전국적 차원의 기초자치구역 통합은 광역자치구역 통합보다 저항이 커서 추진가능성이 적다. 만약 이를 획일적으로 추진할 경우 전국을 갈등과 전투의 장으로 전환시킬 우려가 있고, 경쟁력 강화를 위한 장기적 전략이 즉시적 경쟁력 저하효과를 가져오는 모순이 클 것이기 때문이다. 따라서 필요한 지역은 해당 자치단체의 자율적 의사에 따라 통합을 추진하도록 해야 한다. 다만, 이를 위해서 국가적 차원에서 지방정부간 통합을 논의할 수 있는 제도적 장치를 마련해 줄 필요가 있다. 이러한 제도적 장치로는 지방행정구역개편의 주관부서를 통하여 주민투표법, 지방자치법이 정하고 있는 주민의 의견수렴에 대한 제도를 정례화 명확화 하여 통합논의 과정에서 발생할 수 있는 불필요하고 소모적인 논쟁을 줄이고 문제의 소지를 없애는 것이 반드시 필요하다.

셋째, 중앙정부 차원의 인센티브 부여를 인정할 것인지 여부는 매우 중요한 쟁점이다. 중앙정부가 자율적인 통합을 추진하는 지방자치단체에게 인센티브를 부여할 경우 자율적으로 통합을 하지 않겠다고 결정하는 자치단체에 불이익을 주는 결과를 초래하기 때문이다. 또한 중앙정부가 통합자치단체에 제공하는 인센티브는 지방정부간 형평성 문제도 야기한다. 사전적이고 과다한 인센티브 부여는 통합의 유인을 왜곡할 가능성이 높기 때문에, 중앙정부가 현재 추진하고 있는 자치단체 자율통합 인센티브 제공은 매우 신중하게 접근하여야 한다. 따라서 통합을 위한 인센티브는 다음과 같은 두 가지 원칙하에 제공되어야 한다. (ⅰ) 통합이

후 유발되는 통합성과를 통합한 지방자치단체가 전적으로 확보하도록 해야 한다. (ii) 통합이후 성과가 좋은 지방자치단체에 대하여 인센티브를 제공해야 한다.

2. 광역시 자치구 개편방안

1) 개요

광역시가 도에 편입될 경우 기존의 광역시는 기초자치단체인 일반시의 지위를 얻게 된다. 이 경우 과거 광역시를 구성하고 있던 기초자치단체인 광역시 자치구의 개편이 필수적이다. 광역자치단체 구역개편 과정에서 특별시인 서울시가 그 규모와 특징을 근거로 경기도와 인천시와 통합되지 않고 광역자치단체의 지위를 유지하는 것과 달리 현재의 광역자치단체가 일반시화 될 경우, 1960년대 직할시 지정부터 일반시와 다른 지위를 부여하게 된 역사적 배경을 고려할 때 과거 광역시 관할의 기초자치단체인 자치구의 지위를 어떻게 할 것인가와 관련하여 논란이 예상된다.

일반시가 되는 광역시의 역사성과 지방자치 환경을 고려하면 일반시로 전환된 과거 광역시 관할의 자치구 전체를 2계층의 행정계층의 원칙에 일치하도록 행정구로 전환하는 것이 원칙이다. 그러나 자치구의 역사성과 주민생활 기반성, 거대 규모 일반시의 특징을 고려하여 일반시와 과거 자치구간 사무배분과 책임성의 적정 배분을 전제로 준자치권을 인정하고 일정한 법적지위를 부여하는 것도 하나의 대안으로 모색할 수 있다.

다만, 광역시와 도의 통합 과정이 시간을 두고 논의된 후 통합이후 부작용을 최소화하기 위하여 단계별로 추진되는 점을 고려하면, 광역시의 내부적인 논의를 거치는 과정에서 다음 대안들 중 적절한 대안이 채택될 수 있을 것이다.

2) 자치구의 행정구 전환

광역시가 도 관할의 시로 전환될 경우, 기존 광역시의 자치구를 일반행정구로 전환하도록 하는 방안이 가능하다. 이에 대해서는 실천적 측면에서 대도시의 획일적 행정에 대한 문제제기가 있을 수 있으나, 기초자치단체에 또 다른 기초자치단체를 설치하는 것은 곤란하다는 점, 대도시의 자치구가 영세하다는 지적이 제기되어온 점, 인구 100만에 육박하는 수원, 성남시 등 대도시가 일반구체제로 운영되고 있다는 점 등을 고려할 때, 광역시 자치구의 행정구 전환도 광역시 자치구 행정체제 개편 대안의 하나로 고려할 수 있을 것이다. 다만, 행정구로 전환된 이후라도 행정의 효율성과 형평성, 주민대응성 등을 고려하여 적정한 수준에서 행정구를 통합하는 것이 필요할 것으로 생각된다.

3) 준자치단체화 1안(뉴욕시 모형)

이는 일반시로 전환되는 자치구의 구청장은 주민이 선출하되 과거 구의회의 역할을 담당할 의회는 구청장과 시의회가 위촉하거나 관할구의 일반시의회 의원이 겸임하는 방안이다. 이는 특별한 지위를 가진 일반시(구 광역시)의 영향력을 매우 높인 상태에서 과거 자치구를 준자치단체와 같은 형태로 전환하는 것으로, 이 역시 특별한 지위에 있는 대도시의 특징과 지역별 특성이 반영된 자치행정이 인정되어야 할 분야가 있음을 고려할 때 선택가능한 자치구 개편안이라고 할 수 있다.

주민에 의해 선출된 구청장과 일반시 의원이 위촉하는 구의회의 심의와 일반시장의 지휘와 영향력 하에 지역실정에 맞는 행정서비스 업무를 직접 수행하게 되는데, 이러한 유형의 준자치단체는 미국 뉴욕시의 자치구 제도에 해당된다.

참고

미국 뉴욕시의 준자치구 사례: 보로(Borough)

미국 뉴욕시는 지방정부인 City와 County의 기능을 통합적으로 수행하는 특별한 기초자치단체이다. 뉴욕시는 주민직선에 의하여 시장과 시의원을 구성하는데, 뉴욕시는 City라는 명칭을 가지고 있음에도 산하에 Borough를 5개 두고 있다(Mangattan, Bronx, Staten Island, Brooklyn). 통상적으로 Borough는 자치헌장이 없고 시헌장의 규정을 적용받기 때문에 자치정부로 인정할 것인지 여부가 논란이 되기는 하지만, 보로의 의회의원을 해당 보로 지역의 주민이 직접 선출한 시의회의원이 겸직하고 보로의 장(Borough President)을 지역주민이 직접 선출하기 때문에 지방자치단체의 성격을 많이 가지고 있다. 한편 보로협의회(Borough Board)의 의장은 역시 관할구역 주민의 직접선거에 의하여 선출된 보로의 장이 맡도록 되어 있다.

4) 준자치단체화 2안(동경도 모형)

이 안은 광역시도가 통합된 후 통합 전 자치구의 관할구역 주민이 자신의 관할구역 행정을 담당할 구청장과 의회 의원을 직접 선출하는 방안이다. 광역자치단체의 경우 도시화율이 매우 높고 통합광역자치단체의 정치 · 행정 · 문화의 중심지 역할을 담당하며 지방자치의 경험이 강하게 남아있기 때문에 자치구를 폐지하고 행정구를 설치하게 되면 특별한 지위가 인정되는 대도시의 자치기능이 약화될 가능성이 있기 때문이다. 다만, 자치권과 주민참여, 행정의 대응성 및 효율성 등을 고려하여 과거 자치구를 통합하는 등의 구역을 조정한 뒤 조정된 구역에 대하여 준자치권을 인정하는 방안을 모색해야 한다.

이 경우 일반시에 비해서 대도시 특례가 부여되며 일부 광역업무를 구청이 수행하도록 하는 대신, 과거 자치구를 일반시의 행정서비스를 직접 공급하면서 일부 자치사무를 담당하도록 하되 구의 운영에 시장의 제약을 받도록 해 구간에 통일적인 행정서비스가 제공되는 것을 확보하는 방안이 바로 준자치단체와 같은 방식으로 자치구를 전환하는 것이다. 이 같은 준자치단체화를 통한 자치구의 개편은 일본 동경도의 특별구 설치에 해당된다.

참고

일본 동경도 특별구 사례

광역자치단체로 설치된 동경도(都)는 다른 광역자치단체와 다른 체제로 구성되어 있다. 동경도는 관할구역 내에 일반기초자치단체인 39개의 시·정·촌이 설치되어 있으며, 일반기초자치단체와 달리 특수한 형태의 자치단체의 지위를 가지고 있는 23개의 특별구가 설치되어 있다. 특별구는 인구가 고도로 밀집된 대도시 지역의 행정 일체성 및 통일성을 확보하기 위해 특별한 대도시의 제도하에 설치되는 지방 공공단체이다. 즉, 광역지방공공단체인 도가 시의 사무의 일부를 처리하고 市, 町, 村의 세금의 일부를 도가 부과 징수하는 것 외에 도의 구 및 구 상호간의 재정조정이 이루어진다. 특별구의 구청장과 구의원은 일반적인 기초자치단체의 시정촌과 마찬가지로 주민의 직접선거에 의하여 선출된다.

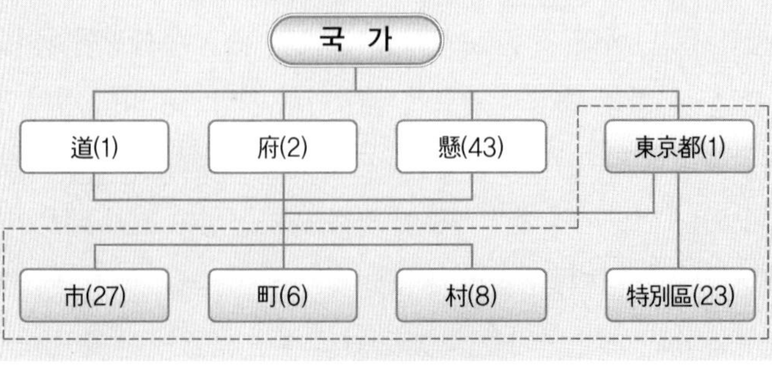

제4절 계층간 기능재배분

1. 기본방향

지방행정체제의 기능개편은 계층간 기능재배분을 통하여 이루어진다.[7] 지방행정체제의 구조인 계층조정 및 구역변경만으로는 지방행정체제 개편의 효과를 기대하기 어렵기 때문에 성공적인 지방행정체제개편을 위해서는 반드시 적합한 기능재배분이 이루어져야 한다. 그동안 우리나라에서 제기되어 왔던 기능재배분과 관련된 논의와 현재의 기능배분상 문제점을 종합적으로 검토하면 다음과 같은 두가지 기능재배분의 기본방향이 제시된다.[8]

첫째, 기능 명확화의 원리를 통하여 중앙-광역-기초정부의 계층간에 명확한 사무배분이 이루어져야 한다. 주요국의 광역자치단체와 기초자치단체의 사무는 이른바 '명확화의 원칙' 에 따라 각 정부가 수행하는 사무가 명확히 배분되어 있다. 이러한 기능명확화의 원리는 이른바 '보충성원리' 에 대한 신중한 해석을 필요로 한다. 지방정부에서의 보충성 원칙은 '시민으로부터 가장 가까운 지방정부에게 지방정부가 수행하고자 하는 것과 수행하기를 원하는 것을 실현할 수 있도록 적합한 수단과 권한을 부여하도록 한다. 그리고 이 권한을 행사할 수 없을 때에는 이 권한을

7) 계층간 기능재배분에서 '계층' 에는 중앙정부가 포함된다.

8) 그간 우리나라의 지방행정체제의 기능배분에 대해서는 계층간 기능중복으로 인한 비효율과 자치단체간 책임회피, 법령상 사무구분 체계의 모호성 등 다양한 문제가 제기되고 있었다(홍준현, 2005; 박승주 외, 1999). 이러한 문제를 해결하기 위해 '지방분권촉진등에 관한 법률' 을 제정하여 정부는 지속적으로 중앙사무의 지방이양 등 계층간 기능재재분을 시도하였다.

재정 및 기술적 역량이 높은 상위조직에 이양함으로써 이러한 권한을 실현할 수 있도록 보충적 체계를 갖추어야 한다'는 것을 의미한다(안영훈, 2005). 여기서 보충성의 원리는 주민에 가까이 있는 지방자치단체가 모든 사무를 우선 처리하는 배타적 권능을 가지고 있음을 의미하는 것이 아니라, 중앙정부와 지방정부가 사무를 배분하면서 지방정부가 하도록 되어 있는 사무는 지방정부가 자율권을 가지고 자체완결적으로 수행하도록 하되 상위정부는 보충적이고 보조적인 기능을 수행해야 하고, 하위정부에게 필요한 행정적 · 재정적 지원을 하여야 함을 의미하는 것이다. 따라서 기능 명확화의 원리에서 '보충성'은 우선적으로 지방정부가 모든 사무를 처리하는 것이 아니라 사무의 특성과 상황을 고려하여 중앙과 지방정부간 사무배분을 명확히 한 후 각 정부에 배분된 사무에 대해서는 각 정부가 주도적으로 수행하고 타 정부는 '보충적' 기능을 담당하는 것에 한정하는 것으로 이해되어야 한다. 기존의 연구에 의하면 각 정부간 새로운 역할분담체계는 〈표 6-5〉와 같이 제시되고 있다(하혜수, 2008).

〈표 6-5〉 중앙과 지방의 새로운 역할 분담체계

기초지방정부

광역지방정부

중앙정부
- 국방, 안전보장, 외교, 출입국 관리
- 사법, 국가치안, 통화, 금융, 도량형, 공정거래, 근로기준
- 공적보험, 약품규제, 고도의 전문적 과학기술, 고속철도

(광역지방정부)
- 교육기본정책 및 고용정책: 지역특성을 고려한 교육정책
- 사회자본 정비 및 국토관리: 하천, 도로, 항만, 산림
- 산업활성화: 농수, 상공, 관광, 산업육성
- 광역방재, 위기관리, 지역치안, 지방사법

(기초지방정부)
- 생활환경 개선: 하수도, 공원, 가로의 정비, 쓰레기 처리
- 주민생활 밀착 서비스: 소방, 지역방재 · 환경, 의료, 복지, 위생, 보건, 교육, 문화

자료: 하혜수 (2008).

둘째, 위의 기능명확화의 원리와 관련된 것으로 기능을 명확하게 배분하기 위해서 장기적으로는 자치사무(고유사무), 단체위임사무, 기관위임사무로 분류되는 지방정부의 사무배분 체계를 정비하여야 하고, 중앙정부가 지방사무소를 설치하여 직접 수행하는 특별지방행정기관의 사무를 지방정부에 이양해야 한다. 지방정부 수행사무의 많은 부분을 차지하는 위임사무가 존재하는 현재의 지방정부간 사무배분체계 하에서는 필연적으로 기능중복이 일어나 사무배분에서의 비효율이 발생하게 되고, 특별지방행정기관을 두어 지방의 행정구역을 관할로 하는 사무를 국가가 직접 수행하면 행정운영상 비효율이 노정되기 때문이다. 기본적인 정비방향은 다음과 같다. ① 위임사무를 없애면서 국가위임사무는 지방자치단체의 고유사무로 이양하고, 기관위임사무는 지방정부가 수행하는 국가사무로 전환해야 한다. 이러한 사무배분체계의 정비는 지방자치단체 수행사무를 자치사무와 국가사무로 이원화함을 뜻한다(홍준현, 2005).[9] ② 특별행정기관의 수행사무의 경우 사무의 내용을 선별하여 특별히 국가사무로 할 필요가 없는 경우 지방자치단체에 이관하고, 사무가 이관되는 특별행정기관의 조직을 지방자치단체가 흡수토록 해야 한다.

이러한 기본방향 하에 본서의 지방행정체제의 개편방안을 보완하는 중앙정부-광역자치단체-기초자치단체간 계층재배분안을 제시하면 다음과 같다.

2. 계층간 기능재배분 방안

계층간 기능재배분은 중앙정부와 지방정부간 기능재배분, 지방정부

9) 이를 위해서는 현재 대통령령으로 제정되어 있는「행정권한의 위임 및 위탁에 관한 규정」을 폐지하여야 할 것이다.

내인 광역자치단체와 기초자치단체간 기능재배분 이라는 두 가지 방향으로 전개된다. 각 계층간 수행해야 할 사무를 개략적으로 제시하면 다음과 같다.

우선, 중앙정부와 지방정부의 기능을 재배분하기 위하여 중앙정부가 배타적으로 수행해야 할 국가사무를 확정하여야 한다. 이와 관련하여 우리나라 지방자치법은 제11조에서 국가가 배타적으로 처리하도록 되어 있는 국가사무를 밝히고 있다. 그 내용으로는 ① 외교, 국방, 사법(司法), 국세 등 국가의 존립에 필요한 사무, ② 물가정책, 금융정책, 수출입정책 등 전국적으로 통일적 처리가 필요한 사무, ③ 농산물 · 임산물 · 축산물 · 수산물 및 양곡의 수급조절과 수출입 등 전국적 규모의 사무, ④ 국가종합경제개발계획, 국가하천, 국유림, 국토종합개발계획, 지정항만, 고속국도 · 일반국도, 국립공원 등 전국적 규모나 이와 비슷한 규모의 사무, ⑤ 근로기준, 측량단위 등 전국적으로 기준을 통일하고 조정하여야 할 필요가 있는 사무, ⑥ 우편, 철도, 등 전국적 규모나 이와 비슷한 규모의 사무, ⑦ 고도의 기술을 요하는 검사 · 시험 · 연구, 항공관리, 기상행정, 원자력개발 등 지방자치단체의 기술과 재정능력으로 감당하기 어려운 사무가 있다. 지방자치법 제11조에 두고 있는 국가사무는 대개 국가 존립 및 전국적 통일성 및 사업규모 등을 논거로 국가사무와 지방사무를 구분하고 있다. 그러나 이들 사무 중에서도 광역자치단체간 통합을 통하여 적정 규모이상의 광역자치단체가 설치될 경우 서비스의 직접공급과 관련된 일정한 사무는 광역자치단체에 이관 되어야 한다. 이러한 사무로는 SOC 사업 및 국토관리(하천, 도로, 항만, 산림 등)와 농수, 상공 등 관련산업의 활성화 기능 등이 이에 해당될 것이다. 이러한 사무들은 통합 광역자치단체에 이양해야 한다.

둘째, 광역자치단체와 기초자치단체간 기능재배분 내용을 개략적으로 제시하면 다음과 같다. 지방정부간 기능배분의 기준은 사무배분의 명확화의 전제 하에 주민일상생활에 관한 행정은 시 · 군 · 자치구에 이관하여 기초자치단체가 자기완결적으로 수행하도록 하고, 광역자치단체는 현재 국가가 수행하는 광역차원의 국가사무를 수행하도록 하되, 교육 및 고용정책, 사회자본정비 및 국토관리, 산업활성화 및 광역차원의 방재, 위기관리, 지역치안 등의 업무를 수행하도록 하여야 한다. 이 경우 기초자치단체가 수행하는 기능은 생활환경과 관련된 '상하수도, 공원, 가로, 폐기물, 도시디자인' 기능과 주민생활과 밀접하게 관련된 '복지, 환경, 위생, 보건, 문화, 교육, 소방 및 지역방재' 기능이 해당된다. 다만, 전국의 광역지방자치단체를 비슷한 수준의 규모로 재편성할 수 있으면 바람직하지만 여러 가지 사정으로 쉽지 않을 수도 있다. 만약 모든 광역자치단체 또는 기초자치단체에 획일적인 사무배분기준을 적용할 경우에는 서울이나 경기도와 같은 지방정부로서는 능력에 비하여 과소한 권한을 가지게 되고 제주도나 강원도 등의 지역에서는 과도한 권한을 갖게 되어 수행능력에 무리가 올 수 있기 때문이다. 이러한 경우에는 스페인이나 영국처럼 비균등적 연방주의(Asymmetrischer Föderalismus) 내지 비균등적 지역화(Asymmetrische Regionalisierung)를 채택할 수 있을 것이다(이기우 등, 2009). 다만, 구체적인 사무배분의 내용은 구조개편 단행 이후 지방정부의 행 · 재정적 역량을 고려하여 추진하여야 할 것이다.

제 7 장 지역사회의 재구조화

제1절 지방행정구역개편의 민주성 확보를 위한 기반구축*

1. 지방자치와 참여

1995년 지방자치가 재개된 이래 10여년이 경과하고 있다. 이같은 지방자치의 성공적 시행을 위하여 무엇보다 중요한 것은 분권이다. 지방으로 권한이 분산되지 않은 상황에서 지방자치가 이루어질 수는 없는 노릇이며 따라서 분권은 지방자치의 시행을 위한 전제조건으로서 중시된다. 그리고 이같은 중요성 때문에 적지 않은 사람들은 분권과 지방자치를 동일시하기까지 하는 것이다. 그러나 분권이 지방자치와 동일한 것은 아니다. 분권은 지방자치의 중요한 전제조건이기는 하지만, 분권만으로 지방자치가 이루어지는 것은 아니다. 지방정부가 분권을 통하여 주어진 권한과 자원을 바탕으로 주민복지를 위하여 일하더라도 지방정부의 정책과정에서 주민의 참여가 결여된다면 진정한 의미의 지방자치는 성립할 수 없게 된다. 그러므로 분권과 함께 주민참여가 같이 이루어질 때라야 진정한 지방자치가 이루어지게 되는 것이다. 또한 이러한 맥락에서 지방자치란 지방정부에 의한 자치를 넘어 지방의 주인인 주민에 의한 자치를 의미하는 것으로 인식되어야 한다.

---

* 이 절의 내용은 이승종(2008d)의 논문을 활용하여 작성하였다.

지방정책과정에서의 주민참여는 규범적으로만 중요한 것이 아니라 실천적 측면에서도 중요하다. 앞에서 지적한 바와 같이 주민참여가 결여된 상황에서의 지방행정은 자칫 주민의 의사와 동떨어진 결정으로 주민의 복지에 기여하지 못하는 것이 되기 쉽기 때문이다.

물론 참여에 긍정적인 면만 있는 것은 아니다. 행정능률의 저해, 참여의 대표성 왜곡, 무책임한 참여 또는 과잉참여에 따른 공익저해 등 적지 않은 부작용이 수반될 수 있다. 그러나 일반적으로 이같은 문제는 잘못된 참여에 기인한 것이다. 더욱이 과소참여가 문제되는 상황에서 과잉참여에 따른 문제들을 지나치게 부각하는 것은 정당하지 않다. 오히려 적정한 참여가 이루어질 때 정책과정이 민주화되고, 민의의 반영확대에 따라 공익이 증진되며, 자칫 행정의 객체로 전락되기 쉬운 주민의 시민성이 고양됨으로써 명실공히 자치의 기반이 공고화되는 등 순기능을 기대할 수 있다는 점에 더 주목할 필요가 있다. 여기에서 적정한 참여란 한편으로는 참여수준의 제고, 다른 한편으로는 참여의 질적 제고를 포함한다. 참여의 양적 측면만이 아니라 질적 측면을 동시에 포함하는 것이다. 이같은 점에서 적정한 참여는 무책임한 참여의 극대화와는 다르다. 기본적으로 적정한 참여는 공익과 조화를 추구하는 것이라는 점에서 참여 자체에 방점을 찍는 무책임한 참여극대화와는 차이가 있다.

그렇다면 어떻게 적정한 수준에서 참여를 활성화할 것인가. 이를 위한 대안에는 참여의 제도화, 시민과 공직자의 의식개선, 매개집단의 역할강화, 정보공개, 경제정의의 확보, 지방권력구조의 민주화 등 여러 가지 요인이 포함될 수 있다. 이들 요인 중에서 참여의 제도화와 주민의식 강화는 참여 적정화를 위한 기본 요소로서 특히 중시되어야 한다. 첫째, 참여제도화 기반을 강화하여 참여수준의 제고를 기하여야 한다. 참여에는 시간, 재원, 정보와 기술 등 다양한 비용요소가 내재되어 있으며 이같은 비용은 주민의 참여에 장애요인으로 작용한다. 특히 비용요인은 상대적으로 보유자원이 적은 사회 열위층의 참여에 부정적으로 작용하여 사회적 형평성을 악화시키는 요인으로 작동하게 된다. 이와 관련, 참여의 제도화는 참여에 소요되는 비용을 감소시켜 줌으로써 열위층을 포함한 주민의 참여를 활성화시키는 데 결정적 도움을 준다. 이같은 참여제도화의 효과는 제도화된 선거에서의 참여수준과 다른 직접참여활동에서의 참여수준을 비교해보면 쉽게 알 수 있다. 또한 참여제도화를 통한 참여진작의 효과는 특히 참여과소가 문제가 되는 상황일 때 더욱 부각된다.

둘째, 주민의 참여의식과 공익의식이 강화되어야 한다. 참여의식은 필요한 참여의 확보를 위하여, 공익의식은 참여와 책임의 조화를 위하여 필요하다. 그런데 이같은 시민적 자질은 참여를 통하여 함양된다는 것이 고래의 정설이다. 즉, 바람직한 참여를 위하여 시민적 자질이 요구된다고 하였을 때, 참여 그 자체가 필요한 시민적 자질의 함양을 위한 시민교육의 도구가 된다는 것이다. 이같은 효과는 참여과정에서 시민과 시민의 만남이 이루어지고, 그 만남의 장에서 상대방 이익에 대한 고려, 타협 등 민주시민적 자질이 길러질 수 있는 기회가 증대하는 데서 비롯된다. 이렇게 볼 때, 참여확산을 위한 기반으로서의 참여의 제도화는 참여의식과 공익의식의 강화를 위한 기반조건으로서 재삼 부각된다.

2. 지방행정 광역화의 보완책으로서 주민참여의 의의와 실태

앞에서 적정한 수준에서 주민참여의 활성화가 필요하다고 하였는 바, 일반적으로 참여의 실질적 가능성은 참여가 이루어지는 지역단위의 크기가 작을수록 커지게 된다. 즉, 중앙보다는 지방, 지방보다는 지방내부의 지역사회(근린, 마을, 동네, 커뮤니티)에서의 참여가 더 실질화되기 쉽다. 이와 관련, Mills 등 많은 참여론자들은 참여는 지역사회에서 실질적으로 전개될 가능성이 크며 그에 따른 시민교육효과를 기대할 수 있을 것으로 제시하여 왔다. 지적할 것은 무조건 지역단위의 크기가 작다고 해서 참여가 활성화되고 그에 따른 바람직한 효과(시민교육 등)를 기대할 수 있는 것은 아니라는 점이다. 참여가 실질화되기 위해서는 지역단위가 작을 뿐만 아니라 참여의 대상이 되는 정책결정의 권한을 가진 공공기관—지방정부 또는 행정기관—이 해당 지역단위에 존재해야 한다. 정책의 공적권한을 가진 공공기관이 존재하지 않는 지역단위에서 공공정책을 대상으로 하는 참여가 이루어지는 것은 원천적으로 어렵다. 참여의 실익이 적기 때문이다. 물론 공공기관이 존재하지 않는 지역단위에서의 주민참여가 불가능한 것은 아니다. 그러나 그같은 참여는 대부분 정책을 대상으로 하는 참여, 즉 정치참여가 아니라 대부분 자조(self-help)를 목표로 하는 공동활동으로서의 성격에 그치게 된다. 요컨대, 참여의 실질적 확대의 기본단위로는 지역단위의 크기가 작으면서도 공공기관이 존재하는 단위가 되어야 하며, 이같은 단위로는 시, 군, 자치구 등 기초지방자치단체가 일차적 고려대상이 될 것이다.

불행히도 우리의 경우 기초지방자치단체의 구역이 커서 규모의 경제 확보에는 유리한 반면, 참여에는 불리한 형편이다. 근접성 면에서 불리하여 참여의 장애요인이 되고 있는 것이다. 돌이켜보면 이같은 현상은 제3공화국에 와서 기초지방자치단위를 시, 읍, 면에서 시, 군으로 전환한데 따라 악화된 것이다(6공화국에 와서 자치구가 생겼다). 2007년 현재 평균인구로 볼 때, 시는 약 28만명, 군은 약 5만6천명, 자치구는 약 32만명, 평균 약 7만 3천명으로 사실상 주민참여가 실질화되기에는 지나치게 큰 실정이다. 이같은 인구규모는 1만명 미만이 대부분인 서구선진제국의 기초자치단체의 규모에 비하여 과대한 것이다. 그럼에도 불구하고 일각에서는 교통통신의 발달 등을 근거로 하여 기초자치단체의 통폐합 강화 내지는 폐지를 통하여 규모의 경제를 확보해야 한다고 주장하기도 한다.

그러나 이미 과대 규모인 기초자치단체의 통폐합을 통해서 규모의 경제를 얼마만큼 제고시킬 수 있느냐도 의문이거니와 무엇보다도 기초자치단체의 통폐합은 주민의 접근성을 더욱 제약하여 참여를 질식시킬 우려가 있다는 점에서 경계해야 한다.

현행 기초자치단체의 규모가 커서 주민참여에 불리하다면 그에 대한 보완책은 무엇인가? 우선 보완책의 하나로서 현행 시군구 대신 더 작은 단위, 즉 읍면동 단위의 자치체계로의 변환을 고려해 볼 수 있다. 이같은 변환을 통하여 기초자치단체는 그야말로 주민의 지근거리에서 주민참여에 기반한 근접행정에 전념하고, 광역자치단체는 교통통신의 발달에 부응하여 보다 거시적 행정에 전념할 수 있게 될 수 있을 것이다. 그러나 이같은 지방자치단위의 변환은 이상적 대안일 수는 있으나, 지방자치가 재개된 지 오래 되지 않은 현 상황에서 지방자치 자체를 불안하게 만들 위험요인이 크다. 대신 현행 지방자치체계 안에서 주민의 참여를 진작시킬 보완적 방안을 우선적으로 검토하는 것이 바람직하다. 결론부터 제시한다면 기초자치단체 하부 지역사회에서의 주민참여체계를 정비할 것이 요구된다.

현재 기초지방자치단위의 하부 지역사회에서의 주민참여를 위한 심각한 고려는 이루어지지 않고 있다. 즉, 기초지방자치단위에서의 주민참여는 시 · 군 · 자치구 지방의회를 통한 간접참여를 기축으로 이루어지고 있으며, 시 · 군 · 자치구 하부 지역사회에서의 직접적 주민참여는 잘 이루어지지 않고 있다. 이는 기본적으로 지역사회에서의 주민대표기제가 체계적으로 형성되어 있지 못하기 때문이다. 물론 지역사회에서의 주민대표기제가 전혀 없는 것은 아니다. 대부분의 읍면동 단위에서 주민자치위원회가 구성되어 있으며, 읍면동의 하부단위인 통리에 통장, 리장이 주민대표로 활동하고 있다. 또한 반상회도 있다. 그러나 실제로 주민자치위원회는 주민자치활동의 매개체로서보다는 주민의 여가문화활동 매체인 주민자치센타의 운영위원회로 전락해 있는 상태이다. 통리장은 주민의 대표이기보다는 행정의 일선기구 내지는 협조장치로서만 기능하고 있다. 반상회는 과거 정치적 악용 등에 대한 후유증으로 냉소적 분위기 속에서 부녀회 등이 그 자리를 일부 대체하는 가운데 유명무실화되었다. 이러한 상황에서 주민의 참여는 지방행정기관 또는 지방의회가 주도하는 공청회, 여론조사, 간담회 등을 수동적으로 수용하는 선에서 그치고 있으며 주민이 주도하는 자발적 참여는 위축되어 있다 하겠다.

이렇듯, 시군구 하부의 지역사회차원에서의 주민참여가 왜곡 내지는 실종 상태에 있는데 따라서 우리의 지방자치는 참여가 결여된 분권, 주민이 빠진 정부만의 자치로 전락하고 있다. 이같은 상황은 궁극적으로 지방자치에 대한 냉소적 분위기를 고착시켜 지방자치의 착근과 발전을 방해하게 될 우려가 있다. 근린 지역사회차원에서의 참여진작은 그같은 분위기를 바꾸는데 유효하다는 데서 중시되어야 한다.

3. 지역사회 주민자치 기반구축 방향

지역사회에서의 주민참여기제의 체계화는 주민에 의한 지방자치, 즉 주민자치 기반을 강화하는 것인 바, 이같은 지역사회에서의 주민자치를 '마을자치' (또는 동네자치, 근린자치, 지역사회자치)로 부를 수 있을 것이다. 이하에서는 지역사회 차원의 주민자치(마을자치) 기반 강화를 위한 몇 가지 정책방향을 제시한다.

첫째, 기초지방자치단체의 하부구역인 읍면동 단위의 주민대표기제를 정비해야 한다. 주민자치위원회가 명실공히 읍면동 단위의 주민대표체가 되도록 해야 한다. 주민자치활동이 주민자치위원회의 일차적 기능이 되도록 환원하고, 주민자치센타의 운영도 어디까지나 주민자치활동의 일환으로 이루어지도록 해야 한다. 이렇게 함으로써 주민자치위원회를 중심으로 지역주민의 참여진작 효과를 기대할 수 있을 것이다. 아울러 기능상 갈등을 일으키고 있는 통리장과 주민자치위원과의 위상을 정리해야 한다. 통리장을 당연직 주민자치위원으로 하고, 주민자치위원회는 통리장과 함께 공모직, 위촉직을 병행해서 구성하는 것이 좋다. 현행 주민자치위원회와 통리장의 이원체제는 주민의사 결집에 혼선을 초래하고 불필요한 갈등의 소지가 있어 바람직하지 않다. 반상회는 지역사회 주민대표체계의 기반요소로서 활성화되어야 한다. 반상회를 통하여 반장을 선출하고, 반장들이 호선하여 통리장을 선출하게 함으로써 반상회와 통리장, 주민자치위원회와의 유기적 연관관계를 구축하는 것이 바람직하다.

둘째, 읍면동 단위 행정기관의 권한강화가 필요하다. 권한이 있어야 주민복지와 관련한 사무가 처리되고, 주민과 관련된 사무가 있어야 의견투입을 위한 주민참여의 필요가 생긴다. 권한없는 곳에 참여없다. 이런 시각에서 볼 때 1997년 읍면동의 기능을 축소하여 시군구로 권한이전을 기한 읍면동 기능전환은 머리만 크고 손발은 작은 기형적 지방행정기구를 낳은 실패작이라 할 수 있다. 주민과 가까운 읍면동 단위의 행정권한을 축소시킴으로써 주민의 수요에 대응한 적실한 사무처리가 어렵게 되었고, 권한이 작아진 읍면동에 대한 주민의 관심 역시 축소되어 전반적으로 지방자치과정에서 주민참여를 위축시키는 결과를 낳았다. 향후 시군구청보다는 읍면동의 권한을 확대하고, 그에 걸맞는 인력과 재원을 배분하여 주민과 근접한 행정을 수행하게 하는 동시에, 그 과정에서의 주민참여가 적절하게 이루어지도록 기하는 것이 좋다. 지역사회차원의 주민대표기제가 없던 뉴욕시가 이를 보완하기 위해서 1975년 시 행정구역을 59개로 나누고 행정기구와 예산제도를 구역에 맞추어 정비하는 한편, 구역별로 주민대표체인 커뮤니티 이사회(community boards)를 설치한 노력은 좋은 참고가 된다.

셋째, 주민들이 참여해서 처리할만한 일감이 있어야 한다. 아무리 주민들이 참여의지와 공익의식을 가지고 지방행정과정에 참여하더라도 실제로 주민들이 참여해서 처리할 일감이 없어서야 참여가 지속될 수는 없다. 이와 관련, 앞에서 제시한 바와 같이 읍면동 단위의 주민대표체계를 정비하고, 읍면동 행정기관의 권한을 강화하는 것은 주민들이 일감을 갖도록 하기 위한 그릇으로서 중요하다. 그러나 이에 그쳐서는 곤란하며 준비된 그릇에 담을 내용으로서의 일감 개발이 필요하다. 앞에서 언급한 뉴욕시의 경우, 커뮤니티이사회로 하여금 예산제안, 토지이용 및 용도지역지구제(zoning)에 대한 사전심의, 소규모 지역개발계획의 제안, 지역내 서비스공급에 대한 조정에 관하여 기능을 부여하고 있다. 우리의 경우, 주민자치위원회를 중심으로 지역사회의 소규모개발계획, 예산감시, 정책제안권 등을 부여할 수 있을 것이다. 또한 자치기금을 조성하여 지역사회가 제안하는 일감의 수행을 지원할 수도 있을 것이다. 한편, 최근 서울시를 중심으로 과소동 통폐합을 추진하면서 통폐합에 따라 발생하는 여유시설을 주민복지 시설로 활용하려는 움직임이 적극화되고 있는바, 이러한 시설의 운영에 주민들이 적극적으로 참여하도록 하는 것도 좋은 일감을 제공하는 것이 될 것이다. 물론 일감의 목록에 특정사안만 포함되는 것은 아니다. 지방행정과정 일반에 대한 의견투입과 감시를 허용하는 것도 일상적 일감을 제공하는 것이 된다.

끝으로, 지역사회에서의 주민참여 내지는 마을자치에 대한 공무원의 적극적 이해와 관심이 요구된다. 공식적 정책결정권을 갖고 있는 공무원의 적극적 인식없이 지역사회차원의 주민자치를 위한 기반이 구축되기는 불가능하다. 이와 관련, 최근 중앙과 지방을 막론하고 거버넌스가 강조되면서 주민참여에 대한 공무원의 수용성이 증대하고 있는 것은 고무적인 일이다. 이같은 인식변화와 함께 공무원에게 특별히 요구되는 것은 지방거버넌스의 가능성은 규모가 과대한 지방자치구역에서보다는 하부 지역사회, 지근거리 지역사회에서 더 크다는 점에 대한 적극적 인식이다. 이같은 인식이 선행되지 않는 상황에서 지역사회 차원의 주민대표기제의 체계화, 읍면동 행정기관에 대한 수권(empowerment)에 기반한 지역사회 차원의 주민자치를 기대하기는 어렵게 될 것이기 때문이다.

제2절 근린자치 활성화를 위한 지역사회 주민조직의 재구조화**

지방자치의 의의는 지역사회의 공공문제를 지역실정에 밝은 지방 스스로가 해결하도록 하는 데 있다. 이때 지방이란 지방정부와 함께 지역사회의 주인인 지역주민을 포함하는 것이다. 바꾸어 말하면 지역사회의 문제해결과정에서 지방정부의 적극적 역할만이 아니라 지역주민의 적극적 참여가 필요하다는 것이다.

기본적으로는 주민이 공공문제의 해결을 위하여 구성한 지방정부의 적극적 역할이 중시되어야 한다. 만일 그렇지 않다면 비용을 부담하면서 주민들이 지방정부를 구성하고 유지할 이유가 없을 것이다. 그러나 그렇다고 해서 주민들이 지역문제의 해결을 지방정부에게 전적으로 맡겨놓고 지역사회의 공공문제해결에 무관심할 수는 없는 노릇이다. 이는 한편으로는 주민의 무관심 속에서 지방정부가 진정으로 주민의 이익을 위해서 기능할 것인가에 대한 우려 때문이기도 하지만, 다른 한편으로는 지역문제의 원활한 해결을 위해서는 지역실정에 밝은 주민의 집합적 지혜

** 이 절의 내용은 이승종(2008a)의 논문을 활용하여 작성하였다.

와 자원의 투입 그리고 시책추진과정에서의 감시와 협조가 필요하기 때문이다.

이같은 요구에도 불구하고 실제로 지방자치에 있어서 주민참여에 기반한 주민자치는 활성화되어 있지 않다. 지방자치가 재개된지 이미 십수년이 지났으면서도 지방자치가 주민의 피부에 와 닿지 못하고 지방정부 또는 대표자 그들만의 리그로 인식되고 있는 것은 주민참여에 기반한 주민자치가 제대로 이루어지지 못하고 있는 데서 기인하는 바 크다. 이같은 지방자치에 대한 냉소현상이 적절한 시기까지 조절되지 않는다면 그야말로 우리 지방자치는 주민의 관심에서 벗어나 정부불신을 더할 뿐인 천덕꾸러기 정치제도로 전락할 수도 있을 것이다.

어떻게 할 것인가. 우선 나아가서 주민자치의 장으로서 지방자치단위의 적정화가 요구된다. 자치의 단위가 지나치게 크면 참여에 소요되는 비용이 커져서 참여가 원활하게 이루어지기 어려울 것이기 때문이다. 물론 자치단위가 너무 작아도 참여의 효과가 적어져서 참여가 어렵게 될 것이므로 지나치게 작은 자치단위도 바람직하지 않다. 이와 관련하여 최근 일각에서 제기되고 있는 읍면동 단위에서의 주민자치 강화요구는 한편으로는 외국에 비하여 규모가 과대한 시군단위의 주민자치의 한계를 보완하고, 다른 한편으로는 적정한 규모의 단위에서 주민자치 활성화를 위한 것으로서 경청할 필요가 있다.

자치단위의 조정 및 보완, 시민교육, 참여제도화 등에 대해서는 기왕에 다소나마 논의가 이루어져 왔다. 기왕의 논의에서 빠져 있는 것은 참여의 제도화와 관련하여 주민의 자치활동을 매개할 적절한 조직체계의 구축에 대한 논의이다. 이같은 지적은 기본적으로 주민의 집합적 참여를 매개할 조직체계의 구축이 이루어지지 않은 상황에서 현실적으로 주민참여가 진작되기 어렵다는 인식에서 출발한다. 물론 이론적으로는 주민 개개인 또는 소수가 참여의 매개조직이 없이도 적극적으로 참여할 수도 있을 것이다. 개인민원, 진정, 항의방문, 개인 캠페인 등은 개인이 할 수 있는 참여활동의 예이다. 이러한 참여활동이 활발해질 때 주민자치는 진작된다. 그러나 현실적으로는 적절한 조직체계의 매개없이 고립된 개인이 적극적이고 안정적인 참여의 주체가 되기는 어려운 노릇이다. 때로 회자되는 개인의 영웅적 참여행위는 오히려 예외적이고 산발적이다. 이는 참여에는 시간, 노력, 기술, 지식 등 비용이 수반되는데 그 비용을 개인이 전담하기 어렵기 때문이기도 하려니와, 대개의 공공문제의 해결은 개인이 아니라 다수 주민의 협력을 필요로 한 것이기 때문이다. 또한 일반적으로 개인의 생각보다는 다수 주민의 집합적 지혜가 우월할 것이라는 점, 나아가서 다수의 이익이 관련되는 공공문제의 해결을 위하여 개인 또는 소수만이 참여하는 것은 규범적으로 타당하지 않다는 점도 인식되어야 한다. 물론 경우에 따라서는 집합적 참여의 유도가 어려울 경우, 개인 또는 소수의 창도적 참여가 필요하고 더 효과적일 경우가 없지 않겠으나 일반적으로는 개인적 창도보다는 집합적 창도가 더 효과적이다. 최근의 자원동원론은 시민의 참여가 조직과 같은 제도를 매개로 하여 현실화되는 것으로 보고 있는 것은 참고가 된다. 요컨대, 개인의 참여보다 다수 주민의 참여가 규범적으로나 실천적으로 더 바람직하다는 것이며, 따라서 주민의 집합적 참여를 매개할 조직의 구축 또는 정비가 필요하다는데 대한 인식이 요구된다. 다음과 같은 주민조직의 재구조화 방안을 생각할 수 있다.

1. 지역주민의 대표체계 구축

주민조직을 재구조화하는 일차적인 방안은 지역주민 전체를 기반으로 한 참여제도를 구축하는 것이다. 주민대표조직을 만들 때는 대표성 확보에 주의를 기울여야 한다. 지역사회 전체 주민의 참여기회 확보도 중요하다. 이를 전제로 다음과 같은 실천방안을 생각할 수 있다. 가장 중요한 것으로 읍면동 단위의 주민자치위원회를 근린주민자치의 기간조직으로 정립시키는 일이다. 이를 위해서는 우선 주민자치위원회 구성을 반상회를 기반으로 한 선출제로 전환시키고 공모제와 위촉제를 보완적으로 적용할 필요가 있다. 현행 공모제 또는 위촉제는 좋은 취지에도 불구하고 대표성이 의문시되고 있으므로 보다 선출제를 통하여 대표성을 높이는 기반 위에서 보완적으로 활용하는 것이 좋다. 아울러 현재 통리장과 주민자치위원으로 이원화되어 있는 근린주민대표체제를 일원화할 것이 요구된다. 구체적으로 반상회에서 통리장을 선출하고 선출된 통리장이 당연직 주민자치위원을 담당하도록 하면 된다.

2. 지역주민의 참여의 장 확대: 주민총회 개최

주민대표만이 아닌 지역주민 전체의 집합적 지혜의 축적과 반영을 위해서 지역주민의 대표체계의 구축 노력 외에 지역주민 전체의 참여의 장 확대가 필요하다. 구체적으로, 지역주민 전체가 모이는 주민총회를 설치하는 것이다. 이는 읍면동과 같이 작은 단위의 지역사회에서 가능한 일이라 본다. 일본, 독일 등 선진국에서 지역주민 전체를 대상으로 주민총회 또는 행정보고대회를 시행하는 것은 좋은 참고가 된다. 전체가 모이기 어려운 경우에는 읍면동을 몇 개 단위로 구분하여 모일 수도 있다. 이 같은 주민총회는 자주 개최하기는 어렵고 연례 행정보고회 또는 중요 논의의 장으로 모이는 것이 현실적이다. 보다 상시적인 논의의 장으로는 주민자치위원회가 주관하여 지역의 현안문제를 놓고 관심있는 주민들이 자유롭게 참여하여 논의하는 장으로서 의제포럼(issue forum)과 같은 제도를 도입할 수도 있다. 의제포럼은 현재 미국에서 모범적으로 추진하고 있는 제도로서 소지역모임, 중간지역모임, 대지역모임으로 체계화되어 있는 토의장치이다. 우리의 경우, 반, 통, 동으로 축차적으로 토의의 장을 넓혀 갈 수 있을텐데 반상회의 경험은 이러한 논의장치의 구축에 긍정적 요인이 될 것이다.

3. 주민자치 매개단체 육성

지역사회에서 주민자치를 매개할 수 있는 시민단체의 육성도 필요하다. 이를 위해서 지방정부의 지원이 필요하다. 지원에는 사업공모방식을 통한 활동비의 일부 지원, 지방행정정보의 제공, 시민사회단체와의 의사소통 강화 등과 함께 지역시민단체가 주민자치위원회에 참여 또는 참관할 수 있는 기회를 부여하는 것이 포함되어야 한다. 이러한 지원조치는 지역차원에서도 유능하고 건전한 시민사회단체의 형성을 촉진시킬 수 있을 것으로 기대된다.

4. 주민자치위원회의 역할 재정립

주민자치위원회를 지역사회에서 주민자치의 중심으로 정립시키는 것은 지방정부의 여론행정에도 도움이 될 것이다. 한정된 행정력으로 분절되어 있는 여론을 수렴하고 반영하는 것은 쉬운 일이 아니다. 이러한 상황에서 주민자치위원회로 주민자치 기능을 집중시키게 되면 지방정부는 행정에 대한 여론의 수집 및 반영을 보다 효과적으로 수행할 수 있게 될 것이다. 이와 같이 지방정부와 주민자치조직, 그리고 시민사회단체의 접점을 제도화하게 되면 민관간 의사소통의 양적 증가는 물론, 상호이해와 타협에 기초하여 의사소통의 질적 향상, 나아가서 지방자치의 성과향상도 기대할 수 있다. 이에 대하여 여론창구의 집중화에 따른 폐단에 대한 우려도 제기될 수 있을 것이다. 그러나 지금은 과거와는 달리 민주화가 진전되었고, 민도도 많이 향상되었으며, 공직자의 인식도 많이 변화된 상황이므로 공사협력에 대한 우려보다는 긍정적 기대가 더 크다. 최근 지방화, 세계화, 및 민주화 추세를 반영하여 공사간 협력에 기반한 거버넌스가 강조되고 있거니와, 이에 따라 정부는 노젓기(rowing), 방향잡기(steering)를 넘어 민간과 '함께' 노젓기(co-rowing), '함께' 방향잡기(co-steering)를 할 것을 요구받고 있다. 이는 여기에서 제안하는 바와 같은 공사간 접점의 확대 및 정착에 대한 요구에 다름 아니다.

제 8 장 결 론

본서는 지방자치에 있어서 효율성과 민주성 강화의 이중적 요청에 지방정부가 적절히 대응하게 될 때, 지방정부의 효율성에 기반한 경쟁역량과 민주성에 기반한 민주역량이 조화를 이루고, 극대화된 역량으로 안정적 발전을 추구할 수 있게 될 것이라는 전제 하에 지방행정체제의 이론과 실재 그리고 합리적 개편방안을 제시하였다.

지금까지 자치구역 개편과 관련하여 다양한 논의가 이루어져 왔다. 여기에는 전국에 60-70개의 통합시를 두면서 광역자치단체를 없애는 안으로부터 전국을 3-4개의 초광역단위로 재편하는 안 등이 포함된다. 이러한 제안들은 나름대로 타당성이 있음에도 불구하고 효율성을 과대하게 강조하는 점에서 한계가 있으며 보다 적실한 대안의 모색이 필요하였다. 이에 따라 본서는 적정한 정도의 효율성을 확보하면서도 민주성과 조화될 수 있는 대안으로서 광역시와 도의 통합에 기초한 광역자치구역 개편방안을 제시하면서, 기초자치단체의 자율적인 통합안을 제시하였다. 또한 광역자치단체와 기초자치단체가 통합되면 규모증가로 인한 지방자치의 민주성이 희생될 가능성이 높기 때문에 이를 보완하기 위하여 지역주민의 참여와 지역공동체를 활성화하기 위한 방안을 제시하였다. 이 같은 대안은 효율성과 민주성의 양 요청을 적절히 조화시킬 뿐 아니라 다른 대안에 비하여 비교적 쉽게 도입할 수 있는 대안이라 생각되기 때문이다. 그렇게 함에 있어서 단순히 광역자치구역의 설정대안을 제시하는데 그치지 않고 관련 보완책을 아울러 제시하였다.

구역개편은 효율성, 민주성, 형평성에 대한 균형적 고려 하에 추진되어야 한다. 이 과정에서 구역통합은 단계별로 추진되어야 하고, 지방의 자율적 의사를 존중하면서 추진하여 사회적 비용을 최소화하도록 해야 한다. 특히 지역주민의 자율의사를 반영하기 위한 방법에서 외국은 중앙에 의한 강제적 획일적 방식보다는 유인과 인센티브 제공을 통한 자율적 운용수단을 많이 택하고 있다는 점을 참고할 수 있을 것이다. 또한 유럽자치헌장(5조)이 자치단위 경계변경은 지역의 사전 동의가 있어야 하며, 주민투표가 의무화된 경우에 주민투표를 시행할 것을 권고하고 있다. 기본적으로 구역의 통합은 해당 지방의 자율적 의사에 따라 추진하되, 중앙정부는 통합의 촉진을 위해서 행·재정인센티브 부여 등 일정한 역할을 할 수 있다. 다만 인센티브 부여가 지방자치의 본질과 지역공동체를 훼손하지 않기 위하여 신중하게 이루어져야 할 것이다.

참 고 문 헌

강기홍(2007). 「행정구역 개편의 법적원리」. 한국행정연구원 workingpaper. http://www.krila.re.kr/02_sub/sub02.asp?mode=v&page=1&num=6&vnum=3&co de=report_policy&ccode=(2009년 9월 6일 검색).

강병수 · 이찬원(2005). "광역지방자치단체의 행정구역 개편 방향." 「사회과학연구」, 제16권, pp. 1-23.

강용기(2008). 「현대지방자치론」. 대영문화사.

강재호(2005). "지방정부체계 개편론에 대한 비판적 고찰." 「지방정부연구」, 제9권 제3호: 179-200.

강효석(1998). "광역행정구역 개편에 관한 연구 : 광주 · 전남 통합논의를 중심으로." 서울대학교 대학원 석사학위논문.

금창호 · 권오철(2008). 「지방행정의 유사중복기능」. 박영사.

김광식(1995). "시군통합과 지방자치단체의 정책과제." 「지방행정연구」, 제9권 제4호: 1-18.

김동훈 · 정진헌(1996). "도농통합형 행정구역개편의 효과분석 및 발전방향에 관한 연구." 「사회과학논총」, 제7권: 235-277.

김보현 · 김용래(1967). 「지방행정의 이론과 실제」. 법문사.

김석태(2002). "광역시 · 도통합론 비판과 그 대안." 「한국행정논집」, 제14권 제4호: 1043 -1062.

김석태(2007). "세방화시대의 대도시권 거버넌스 구조 발견: 대구권을 중심으로." 「한국지방자치학회보」, 제19권 제4호: 137-156.

김석태(2009). “적정 구역 모형과 구역 문제 해결의 단계.” 「한국정부학회동계학술대회 자료집」. 한국정부학회.

김석태 · 이영조(2004). “광역시 · 도 통합론 비판과 그 대안으로서 광역거버넌스의 가능성.” 「한국행정논집」, 第16권 제4호: 691-711.

김선기(1995). “통합시의 배경과 과제.” 「도시문제」, 3월호: 9-18.

김성호 · 김해룡(2009). “지방행정체제 개편과 헌법적 과제.” 「바람직한 자치행정체제 개편을 위한 합동세미나 논문집」: 139-162.

김순은(2000). “21세기를 대비한 대도시 정치 · 행정체제의 개혁-동경도의 도 · 구제도 개혁을 중심으로.” 「지방정부연구」, 제4권 제2호: 149-167.

김안제(1988). “지방행정 계층 및 행정구역의 개편방향.” 행정개혁위원회.

김영재(2008). “지방행정체제 개편에 관한 연구-도와 시 · 군 개편기준과 대안에 대한 평가를 중심으로.” 한양대학교 대학원 박사학위논문.

김재훈(1998). “중앙과 지방간의 부문별 기능재배분을 위한 시도.” 「한국지방자치학회보」, 제10권 제1호: 27-44.

김학로(1994). 「지방행정의 이론과 실제」. 박영사.

김해룡(2002). “지방행정체제의 개편 방안에 관한 고찰.” 「공법연구」, 제31집 제2호: 177-193.

박기춘(2009). “미래한국을 위한 지방행정체제개편에 관한 연구.” 경희대학교 대학원 박사학위논문.

박승주 · 박양호 · 심익섭 · 이남영(1999). 「마지막 남은 개혁@2001」. 교보문고.

박승규(2008). “한국지방행정연구원 뉴스레터.” 2008.8.31.

박응격(1993). “도시행정 개혁 : 광역행정시대의 대도시와 도의 관계.” 「도시문제」, 제28권 제292호: 21-33.

박종관(1999). “행정구역 개편에 관한 연구-시군통합정책에 대한 과정분석 및 성과평가를 중심으로.” 서울대학교 대학원 박사학위논문.

박지형 · 홍준현(2007). “시 · 군 통합지역의 경제성장 효과.” 「한국정책학회보」, 제16권 제1호.

박종관(2000). “시군통합에 있어 기업합병이론의 적용가능성 모색.” 「한국행정학보」, 34(4):303-322.

박종관 · 조석주(2001). “시 · 군 통합에 의한 행정구역개편 정책의 성과평가에 관한 연구.” 「한국사회와행정연구」, 12(3): 57-77.

배준구(2004). 「프랑스의 지방분권」. 도서출판 금정.

소진광(2001). “한국 시승격의 문제점과 개선방안.” 「한국지방자치학회보」, 제13권 제4호: 5-24.

심익섭(2005a). “글로벌화 시대의 지방자치행정체제 개편 방향.” 국회행정자치연구회, 2005.8.31 최인기 의원이 주최한 토론회자료집, 글로벌시대의 행정구역 개편과 효과적인 도시마케팅.

심익섭(2005b). “지방행정체제의 합리적 개편방안.” 열린우리당 지방행정체제 개편추진기획단 참고자료집(1).

심익섭(2006). “한국 지방자치행정체제의 개편방향에 관한 연구.” 「한독사회과학논총」, 제16권 제1호: 83-108.

안성호(2006). “자치계층 및 구역의 개편을 우려한다.” 부산분권혁신본부 개최 토론회자료집. 지방분권의 평가와 새로운 도전: 103-128.

안성호(2009). “지역정부의 국제적 동향과 교훈.” 바람직한 자치행정체제개편을 위한 합동 토론회 자료집.

안영훈(2005). “중앙 · 지방정부간 관계에서 보충성 원리의 의미와 적용.” 한국행정학회 춘계학술대회 발표논문집.

안용식 · 강동식 · 원구환(2007). 「지방행정론」. 대영문화사.

양영철(2005). “제주도 주민투표 사례에 관한 연구.” 「한국사회와 행정연구」. 제16권 제13호: 299-323.

유재원(1997). “광역행정구역이 자치단체 위상과 역할수행에 미치는 효과.” 지방화시대의 전개와 행정구역개편의 방향. 전남대학교 법률행정연구소: 7-21.

유재원(2009). “시군통합의 효과에 대한 경험적 분석.” 바람직한 자치행정체제

개편을 위한 합동세미나 논문집: 165-195.

이규환(2008). “지방행정체제 개편의 쟁점과 과제.” 지방자치발전연구회 토론회 자료집.

이기우(2005). “지방자치 기반강화를 위한 헌법개정.” 「한국지방자치학회보」, 제17권 제4호: 5-25.

이기우 · 하승수(2007). 「지방자치법」. 대영문화사.

이기우 · 조성호(2009). 「지방행정체제개편론의 본질과 과제」. 도서출판금붕어.

이달곤(1995). “행정계층 및 구역의 개편 방향에 관한 연구.” 「행정논총」, 제33권 제1호: 145-159.

이달곤(2005). 「지방정부론」. 박영사.

이동우 외(2003). 「자립적 지역발전을 위한 지역단위 설정 연구」, 국토연구원.

이성근(2005). “지방이양 촉진을 위한 과제.” 지방분권 · 지방사무배분 개선방안에 관한 공청회 자료집: 49-63.

이성복(1995). 「도시행정론」. 서울: 법문사.

이승종(2005). 「지방자치론: 정치와 정책」. 박영사.

이승종(2006). “국내외 환경변화와 정책과제. 지역사회발전의 과제와 전략.” 경기개발연구원 연구총서 : 3-26.

이승종(2008a). “근린자치의 활성화를 위한 지역사회 주민조직의 재구조화 방안.” 「자치행정」, 11월호.

이승종(2008b). “지방역량 강화를 위한 광역자치구역의 개편 방안.” 한국지방정책연구소가 2008년9월 17일 개최한 세미나 발표논문집. 지방행정체제의 대안적 개편 방안, 23-42.

이승종(2008c). “지방역량강화를 위한 광역자치구역의 개편방안.” 「행정논총」, 46(3).

이승종(2008d). “지역사회에서의 주민자치 기반구축.” 「자치행정」, 6월호.

이시종(1994). “시군통합 추진상황과 향후과제.” 한국행정학회 하계학술대회 발표논문집.

이재원(1995). “지방공공서비스 공급의 광역화에 관한 연구.” 서울대학교 대학원 박사학위논문.

임석회(1994). “한국행정구역체계의 문제점과 개편의 방향.”「대한지리학회지」, 제29권 제1호: 65-83.

임석회(1995). “공간조직의 관점에서 본 한국행정구역의 문제와 개편방향.” 서울대학교 대학원 박사학위논문.

임성일(1994). “도농통합형 도시 행재정의 과제.”「도시문제」, 6월호: 44-59.

정세욱(1986). “지방자치단체 상호간의 관계.” 한국지방행정연구원.

정세욱(1995).「지방행정학」. 법문사.

정일섭(2007).「한국지방자치론.」대영문화사.

조기현(2001). “행정구역의 적정규모에 대한 실증적 연구-초월대수비용함수와 DEA를 중심으로.” 지방자치전망: 도전과 기회. 한국지방자치학회 동계학술대회 논문.

조성호외(2008). “행정구역 개편의 평가와 대안제시에 관한 연구.” 경기개발연구원.

조창현(2005).「지방자치론.」박영사.

지방행정체제개편특별위원회(2006). “지방행정체제개편특별위원회 활동보고서.”

채원호(2008). “일본의 광역 과제 대응을 위한 도주제 구상.” 한국지방자치학회 춘계학술대회 발표논문집: 79-95.

최상철(1985). “자치구역설정과 지역개발의 방향.”「사상과 정책」. 경향신문사.

최양부 · 윤원근(1988). “행정구역이 합리적 조정방안.” 한국농촌경제연구원 연구보고서.

최영출(2005). “자치단체간 통합시 공공시설운영 절감효과 추정에 관한 연구 : 제주도의 사례.”「한국지방자치학회보」, 제17권 제4호: 47-65.

최영출(2008a). “영국의 광역과제 대응을 위한 행정시스템 - 지역개발청을 중심으로.” 한국지방자치학회 춘계학술대회 자료집: 31-52.

최영출(2008b). “인구 50만 이상시 하부행정기관제도 개선방안 연구.” 한국지방자치학회 하계학술대회 발표논문.

최준호(2001). “수면위로 떠오른 광역시 · 도 통합문제-도청 이전 백지화하고 통합방안 공론화해야.” (2001.2): 24-29.

최창호(1995). “중앙과 각급 지방간의 적정한 기능배분.” 「지방자치연구」. 제7권 제1호: 7-26.

최창호(1995). 「지방자치학」. 삼영사.

하혜수(2008a). 지방자치행정체제의 개편방향, 한국지방자치학회 주최 「자치단체간 자율통합방안」 제1차 포럼 논문집.

하혜수(2008b). “지방자치행정체제 개편의 추진전략 및 체제.” 2008년 8월 18일 경실련강당에서 개최된 한국지방자치학회/경실련 공동세미나 자료집, 지방행정체제 개편과 자치단체 자율통합방안 모색: 3-32.

하혜수 · 최영출(2002). “차등적 분권제도에 대한 비교연구 : 영 · 미 · 일 · 북유럽을 중심으로.” 「한국행정학보」, 제36권 제2호: 109-127.

하혜수 외(2000). “광역시 추진에 대한 대응논리 개발에 관한 연구.” 수원: 경기개발연구원.

하혜영 외(2008). “지방행정체제 개편의 쟁점과 입법부의 과제.” 국회입법조사처.

한원택(1995). 「지방행정론: 이론 · 제도 · 실제」. 법문사.

한국지방자치학회(2000). 「지방자치론」. 삼영사.

한국지방행정연구원(1996). “도농복합형시의 운영성과 분석.”

허태열(2005). “허태열 국회의원이 제안한 지방행정체제 개편안에 대한 몇 가지 보충과 해명.” 허태열 의원 홈페이지, http://www.statesman.or.kr/cafe/imageboard/im age/ 허태열 국회의원 지방행정체제 개편 방안 설명 자료(2006년 2월 1일 검색).

행정자치부(2000). 「선진외국의 지방자치제도(Ⅰ),(Ⅱ)」.

행정안전부내부자료(2009). “일본의 지방행정개편(http://www.mopas.go.kr/, 2009년 10월 10일 검색자료).”

행정안전부내부자료(2009). "프랑스의 지방자치 개혁안(http://www.mopas.go.kr/, 2009년 10월 10일 검색자료)."

행정안전부내부자료(2009). "영국의 지방행정체제 개편(http://www.mopas.go.kr/, 2009년 10월 10일 검색자료)."

홍준현(1997a). "지방행정계층 조정과 행정구역 개편방안." 한국행정연구원.

홍준현(1997b). "시 · 군통합에 의한 행정구역개편의 효과분석." 「한국사회와 행정연구」, 제8권 제2호: 59-90.

홍준현(1998). "생활권에 기초한 지방자치단체구역의 개편방안." 「한국행정논집」, 제10권 제3호: 669-689.

홍준현(2000). "지방행정체제의 합리적 개편." 지방자치제도 개선을 위한 국민대토론회 발표논문.

홍준현(2005). "시군통합이 지역내 및 지역간 균형성장에 미친 효과." 「한국사회와 행정연구」. 제16권 제1호.

홍준현(2006). "행정구역 개편에 관한 소고." 「월간 자치발전」: 43-53.

ACIR(1974). *The Challenge of Local Governmental Reorganization: Substate Regionalism and the Federal System*. Washington, D.C.

Barlow, I. M.(1991). *Metropolitan Government*. New York: Routledge.

Benton, J. E., & Darwin, G.(1984). "City/County Consolidation and Economies of Scale : Evidence from a time-series analysis in Jacksonville, Florida". *Social Science Quarterly*, Vol.65, No.1: 190-198.

Boyne, G. A.(1992). "Local government structure and performance: Lesssons from America?" *Public Administration*, Vol.70, No.3: 333-357.

Brazer, H.(1962). "Some Fiscal Implications of Metropolitanism", pp.61-82, G. Burkhead (ed.) *Metropolitan Issues : Social Governtal, Fiscal.* Syracuse, N.Y.: Syracuse University.

Cook, G.(1973). "Effect of Metropolitan Government on Resource Allocation : The case of education in Toronto." *National Tax Journal,* Vol.26: 585-590.

Easton, D.(1955). *A Framework for Political Analysis.* Englewood Cliffs, NJ: Prentice Hall.

Fesler, J. W.(1949). *Area and Administration.* Alabama: University of Alabama Press.

Gustley, R. D.(1977). "The allocational and distributional impacts of governmental consolidation: the Dade County experience." *Urban Affairs Quarterly,* Vol.12, No.3: 349-364.

Hirsh, W.(1959). "Expenditure Implications of Metropolitan Growth and Consolidation." *Review of Economics and Statistics,* Vol.39: 232-241.

Hirsh, W. et al.(1964). *Spillover of Public Education Costs and Benefits.* Los Angeles: UCLA Institute of Government.

Keating, M.(1995). "Size, efficiency, and democracy: Consolidation, fragmentation and public choice." in David Judge, Gerry Stoker, and Harold Wolman, eds *Theories of Urban Politics.* CA: Sage.

Kirp, D., & Cohen, D.(1972). "Education and Metropolitanism", pp.29-42, L. Hings (ed.) *Metropolitanization and Public Services, Resources for the Future.* Baltimore, Md.: Johns Hopkins Press.

Leemans, A. F.(1970). *Changing Pattern of Local Government.* Hague: International Union of Local Authority.

Lipman, V. D.(1949). *Local Government Areas.* Oxford: Basil Blackwell.

Lyons, W.E., David Lowerry, and Ruth H. DeHoog(1992). *The*

Politics of Dissatisfaction: Cities, Services, and Urban Institutions. Armonk, NY: M.E. Sharpe.

Millspaugh, A. C.(1936). *Local Democracy and Crime Control.* Washington D.C. Brookings Inc.

Ostrom, E. and Schroeder, L. and Wynne, S.(1993). *Institutional Incentives and Sustainable Development: Infrastructure Policies in Perspective.* Boulder, U.S: Westview Press.

Ostrom, V., R. Bish and E. Ostrom(1988). *Local Government in the United States.* CA: Institute of Contemporary States.

Parks, R. and Ronald Oakerson(1989) "Metropolitan organization and governance: A local public economy approach." *Urban Affairs Quarterly.* 25/1: 18-29.

Pinch, Steven(1985). *Cities and Services: The Geography of Collective Consumption.* Routledge & Kegan Paul.

Scott, A.J. ed(2001). *Global City-Regions: Trends, theory, policy.* Oxford University Press.

Smith, B. C.(1985). *Decentralization: The Territorial Dimension of the State.* London: George Allen & Unwin.

Stein, R.(1980). "Functional integration at the substate level." *Urban Affairs Quarterly,* Vol.16, No.2: 211-233.

Tiebout, C.(1956). "A Pure Theory of Local Expenduture." *Journal of Political Economy,* Vol.64: 416-424.

United Nations(1964). *Decentralization for National and Local Government.* New York: United Nations.

Vogel, Ronald ed. (1997). *Handbook of Research on Urban Politics and Policy in the United States.* London: Greenwood Press.

Wilson, D. & Game, C(2006). *Local Government in the United Kindgom.* Palgrave MacMillan , Lodnon, UK, 임채호 역(2008), 영국의 지방정부. 박영사.

부 록: 최근 발의된 지방행정체제 개편을 위한 특별법안

[부록 1: 차명진 의원 대표발의 법률안]

중앙 · 지방행정체제 개편을 위한 특별법안(발의연월일: 2009.8.28.)

제1장 총칙

제1조(목적) 이 법은 국경을 초월하는 지역 간의 경쟁시대에 대응하는 지방분권체제를 정립하여 지역과 국가의 경쟁력을 강화하고, 지역 간의 균형발전에 이바지하기 위하여 중앙 · 지방행정체제 개편에 관한 원칙과 추진방법, 통합 지방자치단체에 대한 지원 등에 관한 필요한 사항을 규정함으로써 주민의 삶의 질을 보장함을 목적으로 한다.

제2조(정의) 이 법에서 사용하는 용어의 정의는 다음과 같다.

1. "중앙 · 지방행정체제 개편"이란 국가 및 지방자치단체 간의 사무의 재배분과 중복 해소, 지방자치단체 간 통합 및 행정구역 조정을 포함하는 것을 말한다.
2. "지방자치단체 간 통합"이란 지방자치법 제2조제1항제1호의 지방자치단체 중에서 2개 이상의 광역시와 도를 통합하여 새로운 지방자치단체를 설치하는 것을 의미한다.
3. "행정구역 조정"이란 지방자치단체를 폐지하거나 설치하거나 나누거나 합치거나 그 관할구역의 경계를 변경하는 것을 의미한다.

제3조(국가 및 지방자치단체의 책무) ① 국가 및 지방자치단체는 중앙 · 지방행정체제의 개편을 효율적으로 촉진하기 위하여 필요한 예산을 확보하고 관련시책을 적

극 수립 · 추진하여야 한다.

② 국가 및 지방자치단체는 중앙 · 지방행정체제 개편을 통하여 국가와 지방자치단체의 행정효율을 높이고 주민의 편익을 증진시켜야 한다.

③ 국가 및 지방자치단체는 중앙 · 지방행정체제 개편을 위해 상호 협력하여야 한다.

④ 국가는 당해 지방자치단체의 의사에 반하여 지방행정체제 개편을 추진하여서는 아니 된다.

제4조(중앙 · 지방행정체제 개편의 기본원칙) ① 중앙 · 지방행정체제 개편은 국가와 지방자치단체 간의 지방분권과 사무재배분을 추진하고, 사무중복을 해소하며, 광역시와 도, 도와 도간 통합을 통하여 지역 및 국가의 경쟁력을 제고하여야 한다.

② 중앙 · 지방행정체제 개편은 관할구역 주민의 의견을 충분히 수렴하여야 하고, 주민의 행정수요에 적극적으로 대응할 수 있도록 하며, 주민의 생활편익을 증진하여야 한다.

③ 중앙 · 지방행정체제 개편은 통합 지방자치단체의 권한과 자율성을 강화하고, 지방자치단체간 사무의 중첩으로 인한 낭비와 비효율을 없애며, 지방자치단체 간의 격차를 축소하도록 추진하여야 한다.

제5조(중앙 · 지방행정체제 개편의 추진방향) ① 국가는 광역시 · 도가 처리할 수 있는 사무를 국가사무로 하여서는 아니 되며, 시 · 군 · 자치구가 처리할 수 있는 사무를 광역시 · 도의 사무로 배분하여서는 아니 된다.

② 국가는 제1항을 이행하기 위하여 국가사무와 지방사무에 대한 조사를 시행하여 사무재배분계획을 수립하여 이행하여야 한다.

③ 광역시 · 도는 광역화를 통하여 지역 경쟁력을 제고하여야 하고, 시 · 군 · 자치구는 행정구역과 생활구역을 일치시켜 주민의 편익을 제고하여야 한다.

④ 지방자치단체 상호간의 행정구역 조정은 지역의 정치 · 경제 · 사회문화적 배경과 지리적 여건 및 주민의 의견을 충분히 고려하여 자율적으로 이루어지도록 한다.

제2장 국가 및 지방자치단체 간 사무의 재배분 등

제6조(시 · 도, 시 · 군 · 자치구 간의 사무 재배분) 국가는 사무 재배분을 통하여, 국가는 외교, 국방, 통상, 통화, 금융 등 국가의 존립에 관한 사무를 수행하고, 광역시 · 도는 교육, 경찰, 사회자본 정비, 산업활성화 등의 사무를 수행하며, 시 · 군 · 자치구(이하 '시 · 군 · 구'라 한다)는 생활환경 개선, 주민생활 밀착 서비스를 수행하도

록 하여 사무중복을 해소해야 한다.

제7조(중앙권한의 지방이양) 제6조에 따른 사무재배분을 촉진하기 위하여 국가는 「지방분권촉진에 관한 특별법」 제10조에 따른 중앙권한의 지방이양을 적극 추진하여야 한다.

제8조(특별지방행정기관의 정비) ① 국가는 「지방분권촉진에 관한 특별법」 제11조에 따라 특별지방행정기관이 수행하고 있는 사무 중에서 지방자치단체가 수행하는 것이 더 효율적인 사무에 대해 특별한 사유가 없는 한 지방자치단체가 수행하도록 한다.

② 국가의 특별지방행정기관을 정비하고자 할 때에는 지방자치단체에 대하여 새로운 재정부담을 주지 아니하도록 하며, 정비 후에도 정상적으로 사무를 수행하도록 충분한 재정지원을 하여야 한다.

제3장 지방자치단체 간 통합 및 행정구역 조정

제9조(광역시와 도의 통합) 국가는 광역행정기능 강화와 지역경쟁력을 제고하기 위하여 필요한 경우 도와 광역시의 통합을 추진하여야 한다.

제10조(도와 도의 통합) 국가는 광역행정기능 강화와 지역경쟁력을 제고하기 위하여 필요한 경우 도와 도의 통합을 추진할 수 있다.

제11조(시 · 군 · 구의 행정구역 조정) 국가는 광역시와 도의 관할구역 안에 있는 시 · 군 · 구의 행정구역을 조정할 경우에는 다음 각 호의 여건을 충분히 고려하여 시행하여야 한다.

1. 인구규모
2. 생활권, 경제권 및 사회문화권
3. 지리적 여건 등

제12조(행정구역 개편에 따른 불이익 방지 등) ① 국가는 지방자치단체 간의 통합으로 인하여 종전의 지방자치단체 또는 특정지역에 부여된 행정상 또는 재정상의 이익이 상실되거나 그 지역주민에 새로운 부담이 추가될 경우 불이익을 최소화하여야 한다.

② 국가는 지방자치단체의 인구규모와 자치행정 역량 및 자치재정 등을 고려하여 권한과 사무배분을 다양화 할 수 있는 특례조치를 할 수 있다.

제4장 중앙 · 지방행정체제 개편 추진기구

제13조(중앙 · 지방행정체제 개편추진위원회의 구성 등) ① 중앙 · 지방행정체제 개편을 추진하기 위하여 대통령 소속으로 중앙 · 지방행정체제 개편추진위원회(이하 "개편추진위원회"라 한다)를 설치할 수 있다.

② 개편추진위원회는 위원장과 부위원장을 포함하여 15인 이내의 위원으로 구성하되, 위원은 당연직위원과 위촉위원으로 구성한다.

③ 당연직위원은 행정안전부장관, 기획재정부장관으로 한다.

④ 위촉위원은 다음 각 호의 사람이 된다.

1. 국회의장이 추천하는 3인의 전문가
2. 지방4단체협의회가 추천하는 4인의 전문가
3. 중앙 · 지방행정체제 개편에 관하여 학식과 경험이 풍부한 자 중에서 대통령이 위촉하는 6인 이내의 전문가

⑤ 위원장과 부위원장은 제4항 각 호의 위원 중에서 호선한다.

제14조(개편추진위원회의 기능) ① 개편추진위원회는 다음 각 호의 사항을 심의 · 의결한다.

1. 중앙 · 지방행정체제 개편을 위한 구체적인 기준에 관한 사항
2. 지방자치단체 상호간의 통폐합에 관한 추진방향 및 기본계획의 수립에 관한 사항
3. 통폐합 대상 및 행정구역 조정이 되는 지역주민의 의견수렴에 관한 사항
4. 그 밖에 중앙 · 지방행정체제 개편을 위하여 위원장이 필요하다고 인정하는 사항

② 그 밖에 개편추진위원의 임기, 회의, 사무기구 등 위원회의 구성 및 운영에 관하여 필요한 사항은 대통령령으로 정한다.

제15조(개편추진위원회의 자료제출 요구권) ① 개편추진위원회는 그 업무를 수행하는데 필요하다고 인정하는 경우 관계기관 등에 필요한 자료의 제출을 요구할 수 있다.

② 개편추진위원회는 위원회의 업무를 수행하는데 필요한 사실을 알고 있거나 전문적 지식 또는 경험을 가지고 있다고 인정되는 사람의 의견을 들을 수 있다.

③ 제1항에 따른 요구 또는 조회를 받은 기관은 지체 없이 이에 응하여야 한다.

제16조(추진상황의 보고 등) ① 개편추진위원회는 제11조에 따라 심의 · 의결한 사항과 관련된 정책의 추진사항에 관하여 실천계획이 차질 없이 이행될 수 있도록 대통

령령으로 정하는 시기에 정기적으로 대통령과 국회에 보고하여야 한다.

② 개편추진위원회는 제1항에 따라 보고를 마친 때에는 관계 중앙행정기관의 장과 지방4단체협의회 및 관련 지방자치단체의 장에게 보고 내용을 지체 없이 통보하여야 한다.

③ 제2항에 따라 통보를 받은 관계 중앙기관의 장과 관련 지방자치단체의 장은 신속히 해당 지방자치단체 상호간 통합추진계획을 수립하여 개편추진위원회에 제출하고 필요한 조치를 이행하여야 한다.

④ 개편추진위원회는 제1항에 따른 보고결과에 따라 관계 중앙행정기관의 장과 관련 지방자치단체의 장에게 필요한 조치를 권고할 수 있다.

제5장 중앙 · 지방행정체제 개편의 추진방법

제17조(지방자치단체 간 통합 및 행정구역 조정 추진위원회의 설치 및 운영) ① 지방자치단체 간 통합 및 행정구역 조정 대상에 해당하는 지방자치단체는 이를 효율적으로 추진하기 위하여 지방자치단체 통합 및 행정구역 조정 추진위원회(이하 "추진위원회"라 한다)를 설치할 수 있다.

② 제1항의 추진위원회의 설치 및 운영에 관한 사항은 대통령령으로 정한다.

제18조(주민투표의 실시) ① 제17조에 따라 추진위원회는 지방자치단체 통합과 관련하여 필요하다고 인정하는 경우 주민투표의 실시구역을 정하여 행정안전부장관과 관계 지방자치단체의 장에게 주민투표의 실시를 요구할 수 있다.

② 행정안전부장관은 지방자치단체 통합과 관련하여 필요하다고 인정하는 경우 주민투표의 실시구역을 정하여 관계지방자치단체의 장에게 주민투표 실시를 요구할 수 있다.

③ 지방자치단체의 장이 제1항과 제2항에 따라 주민투표의 실시 요구를 받은 때에는 주민투표를 실시하여야 한다.

④ 제2항과 제3항에 따른 주민투표에 관하여 「주민투표법」 제8조에 따른 주민투표에 관한 규정을 준용하되, 제24조제2항은 준용하지 아니한다.

⑤ 제2항과 제3항에 따라 주민투표를 실시한 경우에는「주민투표법」제8조에 따라 주민투표를 실시한 것으로 본다.

부칙

제1조(시행일) 이 법은 공포 후 6개월이 경과한 날부터 시행한다.

제2조(유효기간) 이 법은 시행일로부터 3년간 그 효력을 가진다.

제3조(개편추진위원회의 구성 시한) 개편추진위원회는 이 법 시행일부터 30일 이내에 구성하여야 한다.

[부록 2: 박기춘 의원 대표발의 법률안]

지방행정체제 개편을 위한 특별법안(발의연월일: 2009.6.24.)

제1장 총칙

제1조(목적) 이 법은 미래지향적인 지방행정체제 개편을 통하여 국가경쟁력 및 지방행정의 효율성을 제고하고 지역 간 화합과 지방의 균형발전에 이바지함을 목적으로 한다.

제2조(정의) 이 법에서 사용하는 용어의 정의는 다음과 같다.

1. "지방행정체제"란 국가와 지방자치단체, 지방행정계층과 자치행정계층, 지방행정구역과 자치행정구역 그리고 이들 상호간의 관계를 모두 포괄하는 것을 말한다.
2. "통합시"란 2개 이상의 지방자치단체가 통합하여 설치된 지방자치단체를 말한다.
3. "통합자치구"란 2개 이상의 서울특별시 관할 구역 안의 지방자치단체가 통합하여 설치된 지방자치단체를 말한다.
4. "행정군 · 구"란 행정을 자치적으로 수행하지 아니하는 군 · 구를 말한다. 다만, 통합시에 설치되는 "행정군 · 구"는 법률에서 정하는 바에 따라 제한적으로 자치권을 행사할 수 있다.

제3조(국가와 지방자치단체의 책무) 국가는 지방행정체제 개편을 위한 제도적 기반을 구축하여야 하며, 지방자치단체는 지방행정체제 개편에 적극 협조하여야 한다.

제2장 지방행정체제 개편의 추진

제1절 추진방향

제4조(지방행정체제 개편의 기본원칙) ① 지방행정체제 개편에 대하여 지역주민의 의견을 충분히 수렴하여야 하며, '행정계층간 기능의 분리', '구역의 광역화' 및 '지방분권의 강화'에 충실하여야 한다.

② 행정계층간 기능의 분리를 통하여 행정기능의 중첩으로 인한 낭비와 비효율을 제거하여야 한다.

③ 적정한 규모로 행정구역을 통폐합하여 행정구역과 생활권을 일치시켜 광역행정수요에 대응하고 지역간 격차를 축소하며 주민 편의를 증진시켜야 한다.

④ 중앙과 지방의 역할 재조정을 통하여 중앙정부의 권한과 예산을 대폭 지방으로 이양하고 주민의 자치권을 더욱 강화하여야 한다.

제5조(지방자치단체의 종류) ① 지방자치단체는 특별시, 도, 통합시, 통합자치구 및 특별자치시로 구분하되, 특별자치도는 특별자치시로 본다.

② 각 지방자치단체는 대통령령으로 정하는 바에 따라 행정군 · 구 또는 출장소를 설치할 수 있다.

③ 2 이상의 지방자치단체는 공동으로 사무를 처리하게 하기 위하여 대통령령으로 정하는 바에 따라 특별지방자치단체를 구성할 수 있다.

제6조(서울특별시의 개편) ① 서울특별시는 종전과 같이 지방자치단체로 하며, 관할 구역 안에 두고 있는 자치구는 통폐합하여 통합자치구로 개편한다.

② 서울특별시 통합자치구의 장과 지방의회는 종전과 같이 주민 직선으로 선출하여 구성한다.

제7조(광역시 · 도 및 시 · 군의 개편) ① 광역시 · 도의 관할 구역 안에 있는 시 · 군에 대하여는 생활권 · 경제권 · 사회문화권 · 인구규모 및 지리적 여건 등을 고려하여 인접 지방자치단체를 통폐합하여 자치행정을 수행하는 "통합시"로 개편한다.

② 통합시는 대통령령으로 정하는 기준에 따라 광역시로 할 수 있으며 관할 구역 안에 행정군 · 구 또는 출장소를 설치할 수 있다.

③ 통합시가 설치되면 광역시 · 도의 국가위임사무와 개별 시 · 군의 범위를 넘어서는 광역행정기능, 광역적 지역개발 및 지자체간 균형발전 추진업무를 제외한 도의 사무는 통합시로 이관하고, 현행 16개 시 · 도를 통합하여 도로 재편한다.

제8조(주민자치기구의 설치) 「지방자치법」에 따라 설치되는 읍 · 면 · 동은 주민자치기구로 하되, 대통령령으로 정하는 바에 따라 조례로 설치 · 운영한다.

제9조(도의 역할 및 구성) ① 도는 중앙정부의 국가위임사무와 개별 시 · 군의 범위를 넘어서는 광역행정기능, 광역적 지역개발 및 지자체간 균형발전 추진업무, 특별지방행정기관 이관 사무 처리 및 지방자치단체 지원 등의 역할을 한다.

② 도는 지방자치단체를 권역별로 구분하여 해당 지역별로 각 1개를 두며, 도의 장은 주민 직선으로 선출한다.

③ 도에는 각각 광역의회를 두며, 의회를 구성하는 의원은 각각의 소속 통합시 주민 직선으로 선출한다.

④ 제3항의 의회는 도의 국가위임사무 등의 처리를 협의하고 지방자치단체 지원사무를 심의한다.

⑤ 기타 도의 역할 및 구성에 관한 사항은 대통령령으로 정한다.

제2절 지방행정체제개편 추진위원회

제10조(지방행정체제개편 추진위원회의 구성) ① 지방행정체제 개편을 추진하기 위하여 지방행정체제개편 추진위원회(이하 "추진위원회"라 한다)를 둔다.

② 추진위원회는 그 권한에 속하는 사무를 독립하여 수행한다.

③ 추진위원회는 위원장을 포함하여 9인의 위원으로 구성하고 대통령이 임명하되, 4인은 국회에서 선출한다.

④ 위원의 임기는 1년으로 하되, 연임할 수 있다.

⑤ 위원장은 정무직으로 하고, 위원 중에서 호선한다.

제11조(추진위원회의 업무) 추진위원회는 다음 각 호의 업무를 수행한다.

1. 지방행정체제 개편의 추진 방향 및 기본 계획 수립
2. 지방자치단체 및 주민의 의견수렴
3. 시 · 군 통폐합 기준 등 지방행정체제 개편을 위한 구체적인 기준 마련
4. 지방행정체제 개편방안 수립
5. 그 밖에 지방행정체제 개편을 위하여 필요하다고 인정하는 사항

제12조(위원의 신분보장) 위원은 금고 이상의 형의 선고에 의하지 아니하고는 그 의사에 반하여 면직되지 아니한다. 다만, 위원이 신체상 또는 정신상의 장애로 직무수행이 현저히 곤란하게 되거나 불가능하게 된 경우에는 전체 위원 3분의 2 이상의 찬성에 의한 의결로 퇴직하게 할 수 있다.

제13조(위원의 결격사유) ① 다음 각 호의 어느 하나에 해당하는 사람은 위원이 될 수 없다.

1. 대한민국 국민이 아닌 자
2. 「국가공무원법」 제33조 각 호의 어느 하나에 해당하는 자
3. 정당의 당원

4. 「공직선거법」에 의하여 실시하는 선거에 후보자로 등록한 자

② 위원이 제1항 각 호의 어느 하나에 해당하게 된 때에는 당연히 퇴직한다.

제14조(위원의 겸직금지) ① 위원은 재직 중 다음 각 호의 직을 겸하거나 업무를 할 수 없다.

1. 국회 또는 지방의회의 의원
2. 다른 국가기관 또는 지방자치단체의 공무원(교육공무원을 제외한다)
3. 그 밖에 추진위원회 규칙으로 정하는 직 또는 업무

② 위원은 정당에 가입하거나 정치운동에 관여할 수 없다.

제15조(추진위원회의 보조기구) ① 추진위원회는 사무국, 분과위원회, 자문위원회 등 기타 업무 처리에 필요한 기구 등을 설치할 수 있다.

② 제1항의 기구에 대한 조직에 관하여 필요한 사항은 행정안전부령으로 정하고, 운영에 관하여 필요한 사항은 추진위원회의 규칙으로 정한다.

제16조(자료제출) ① 추진위원회는 그 업무를 수행하는 데 필요하다고 인정하는 경우 관계기관 등에 필요한 자료 등의 제출을 요구할 수 있다.

② 추진위원회는 위원회의 업무를 수행하는 데 필요한 사실을 알고 있거나 전문적 지식 또는 경험을 가지고 있다고 인정되는 사람에게 출석을 요구하여 그 진술을 들을 수 있다.

③ 제1항에 따른 요구 또는 조회를 받은 기관은 지체 없이 이에 응하여야 한다.

제17조(주민투표의 실시) ① 추진위원회는 지방자치단체 통합과 관련하여 필요하다고 인정하면 주민투표의 실시구역을 정하여 관계 지방자치단체의 장에게 주민투표의 실시를 요구할 수 있다.

② 지방자치단체의 장은 제1항에 따라 주민투표의 실시 요구를 받은 때에는 주민투표를 실시하여야 한다.

③ 제2항에 따른 주민투표에 관하여 「주민투표법」 제8조에 따른 주민투표에 관한 규정을 준용하되, 제24조제2항은 준용하지 아니한다.

④ 제2항에 따라 주민투표를 실시한 경우에는 「주민투표법」 제8조에 따라 주민투표를 실시한 것으로 본다.

제18조(보고) 추진위원회는 국회의 소관 위원회에 지방행정체제 개편 관련 활동경과를 보고하여야 하며, 특별한 사유가 없는 한 1년 이내에 최종 보고서를 제출하여야 한다.

제19조(국회의 입법조치) 국회가 지방행정체제 개편 관련 법률을 처리함에 있어서는 추진위원회의 의견을 존중하여야 한다.

제3장 보칙

제20조(공무원에 대한 공정한 처우보장) 신설되는 통합시는 통합되기 전의 지방자치단체 소속 공무원에 대하여 인사상 동등하게 처우하여야 한다.

제21조(경비 부담) 지방행정체제 개편에 수반되는 경비는 국가가 부담한다.

부칙

① (시행일) 이 법은 공포 후 1개월이 경과한 날부터 시행한다.

② (추진위원회의 구성 시한) 추진위원회는 이 법 시행일부터 60일 이내에 구성하여야 한다.

[부록 3: 허태열 의원 대표발의 법률안]

지방행정체제 개편에 관한 특별법안(발의연월일: 2009.6.25.)

제1장 총칙

제1조(목적) 이 법은 지방자치단체의 권한 및 역량 강화와 지방행정체제 개편을 통하여 주민 편의와 복리 증진, 주민 참여 제고 및 국가경쟁력 강화에 이바지함을 목적으로 한다.

제2조(정의) 이 법에서 사용하는 용어의 정의는 다음과 같다.

1. “지방행정체제”란 지방자치 및 지방행정의 계층구조, 지방자치단체의 관할구역, 국가 및 지방자치단체간의 기능배분을 말한다.
2. “지방자치단체의 통합”이란 「지방자치법」 제2조제1항제2호에서 정한 지방자치단체 중에서 2개 이상의 시와 시, 시와 군, 시와 구, 군과 군, 군과 구, 구와 구가 통합하여 새로운 지방자치단체를 설치하는 것을 말한다.
3. “통합 관계 지방자치단체”란 통합의 당사자가 되는 시, 군 또는 구를 말한다.
4. “통합 지방자치단체”란 2개 이상의 시와 시, 시와 군, 시와 구, 군과 군, 군과 구, 구와 구가 통합되어 설치된 지방자치단체를 말한다.

제3조(지방행정체제 개편의 이념) 지방행정체제 개편은 지방행정의 민주성과 효율성을 제고하고, 주민참여가 보장되는 활력 있는 지역공동체를 실현하며, 지역의 지속가능하고 상생적인 발전에 이바지하여야 한다.

제4조(국가와 지방자치단체의 책무) ① 국가는 지방자치단체의 의견을 수렴하여 지방행정체제 개편을 추진 · 지원하기 위한 정책을 수립 · 시행하고 이에 필요한 행정상 · 재정상의 법적 · 제도적 조치를 마련하여야 한다.

② 지방자치단체는 국가가 추진하는 지방행정체제 개편에 적극 협조하여야 한다.

③ 국가는 2014년에 실시되는 지방의회의원 및 지방자치단체의 장의 동시선거일 이전까지 제10조부터 제40조까지에 규정된 지방행정체제 개편을 완료하도록 노력하여야 한다.

제2장 지방행정체제 개편위원회

제5조(설치) 지방행정체제 개편의 효과적 추진을 위한 관련 주요 정책에 대한 대통령의 자문에 응하기 위하여 대통령 소속으로 지방행정체제 개편위원회(이하 "위원회"라 한다)를 둔다.

제6조(기능) 위원회는 다음 각 호의 사항을 심의한다.

1. 지방행정체제 개편의 기본계획 및 추진계획의 수립에 관한 사항
2. 지방자치단체 통합을 위한 기준 및 통합방안에 관한 사항
3. 국가, 국가지방광역행정청, 통합 지방자치단체 간의 사무 재배분에 관한 사항
4. 국가와 지방자치단체 간 세목 조정 및 통합 지방자치단체에 대한 국가의 재정지원에 관한 사항
5. 통합추진과정에서의 갈등 예방 및 조정에 관한 사항
6. 교육자치, 자치경찰, 소방 등 통합 지방자치단체의 자치사무 정비에 관한 사항
7. 읍 · 면 · 동 주민자치자치위원회의 설치, 기능 및 운영에 관한 사항
8. 제1호부터 제7호까지에 규정된 사항의 점검 및 평가에 관한 사항
9. 그 밖에 지방행정체제 개편의 추진을 위하여 필요하다고 위원장이 인정하는 사항

제7조(구성) ① 위원회는 위원장 1명을 포함한 25명 이내의 위원(이하 "위원"이라 한다)으로 구성하며, 위원은 당연직위원과 위촉위원으로 구성한다.

② 당연직위원은 기획재정부장관, 교육과학기술부장관, 행정안전부장관, 국토해양부장관, 국무총리실장, 그 밖에 대통령령으로 정하는 중앙행정기관의 장으로 한다.

③ 위촉위원은 학식과 경험이 풍부하고 국민의 신망이 두터운 자 중에서 대통령이 위촉하는 5명, 국회의장이 추천하는 5명 및 「지방자치법」 제165조에 따른 협의체의 대표자가 추천하는 4명으로 한다.

④ 위원회에 위원장 1명과 부위원장 2명을 둔다.

⑤ 위원장 및 부위원장은 대통령이 임명하되, 부위원장 중 1명은 행정안전부장관이 된다.

⑥ 위원회의 업무를 효율적으로 지원하기 위하여 위원회에 분과위원회를 둘 수 있다.

⑦ 위원회의 사무를 효율적으로 처리하기 위하여 위원회에 사무기구를 둔다.

⑧ 위원의 임기, 회의, 분과위원회 구성과 운영, 사무기구 등 위원회의 구성 및 운영에 관하여 필요한 사항은 대통령령으로 정한다.

제8조(추진상황의 보고 등) ① 위원회는 지방행정체제개편에 관한 주요사항에 관하여 대통령에게 보고하여야 한다.

② 위원회는 제1항에 따라 보고한 내용 중 필요하다고 인정하는 때에는 관계 중앙행정기관의 장과 지방자치단체의 장에게 보고 내용을 지체 없이 통보하여야 한다.

③ 제2항에 따라 통보를 받은 관계 중앙행정기관의 장과 지방자치단체장은 통보내용에 따른 세부추진계획을 수립하여 위원회에 제출하고, 관계 법령이나 조례를 제정 또는 개정하는 등 필요한 조치를 하여야 한다.

제9조(자료제출) ① 위원회는 그 업무를 수행하는 데 필요하다고 인정하는 경우 관계 기관 등에 필요한 자료 등의 제출을 요구할 수 있다.

② 위원회는 위원회의 업무를 수행하는 데 필요한 사실을 알고 있거나 전문적 지식 또는 경험을 가지고 있다고 인정되는 사람에게 출석을 요구하여 그 진술을 들을 수 있다.

③ 제1항에 따른 요구 또는 조회를 받은 기관은 지체 없이 이에 응하여야 한다.

제3장 시 · 군 · 구의 광역화

제10조(시 · 군 · 구 광역화의 원칙) ① 국가는 지방자치단체간의 통합을 지원함으로써 행정구역의 광역화를 통하여 지역주민의 복리증진과 지방자치단체의 역량 강화를 도모하여야 한다.

② 시 · 군 · 구의 광역화는 인구, 생활권, 경제권, 지리적 여건, 발전가능성 및 지역의 특수성 등을 종합적으로 고려하여야 한다.

제11조(통합 지방자치단체의 설치) ① 통합 지방자치단체는 「지방자치법」 제2조제1항에 따른 시 또는 구로 설치한다. 다만, 군과 군이 통합하는 경우에는 「지방자치법」 제2조제1항 · 제3조제2항 및 제7조제2항에도 불구하고 현으로 설치한다.

② 제2항에 따라 설치된 통합 지방자치단체의 장으로 시에는 시장, 구에는 구청장, 현에는 현감을 둔다.

③ 통합 지방자치단체는 이 법의 시행으로 폐지되는 지방자치단체의 구역에 관계 법령이 정하는 바에 따라 출장소를 설치할 수 있다.

제12조(서울특별시 · 광역시의 구) ① 서울특별시와 광역시의 관할 구역 안에 있는 구는 인구 100만 이상인 경우 자치구로 하되, 인구 100만 미만의 구는 행정구로 한다.

② 자치구의 사무와 권한은 대도시의 특수성을 감안하여 법령으로 정하는 바에 따라 그 일부를 제한할 수 있다.

③ 행정구로 전환된 구의 장은 서울특별시장과 광역시장이 의회의 동의를 받아 임명하며, 그 장의 임명자격과 절차 등에 관하여 필요한 사항은 대통령령으로 정한다.

제13조(광역화 방안의 마련) ① 지방행정체제 개편위원회는 제5조에 따라 위원회가 설치된 날로부터 12개월 이내에 시 · 군 · 구 광역화의 목표, 통합 기준 및 통합방안 등을 포함한 광역화 계획을 마련하여 대통령에게 보고하여야 한다.

② 위원회는 광역화 계획에 따른 지방자치단체간 통합을 해당 지방자치단체의 장에게 권고할 수 있다.

③ 제2항에 따른 권고를 받은 지방자치단체의 장은 이를 지체 없이 지방의회에 통보하고 주민에게 공표하여야 한다.

④ 지방자치단체의 장, 지방의회 또는 대통령령으로 정하는 일정 수 이상의 주민은 제5조에 따라 위원회가 설치된 날로부터 6개월 이내에 위원회가 권고한 통합안을 참고하여 인근 시 · 군 · 구와의 통합을 위원회에 건의할 수 있다.

⑤ 위원회는 제1항에 따른 시 · 군 · 구의 광역화 계획을 추진함에 있어 특별한 사정이 없는 한 제4항에 따른 지방자치단체의 통합 건의를 존중하여야 한다.

제14조(주민투표 실시) ① 제13조제2항 및 제3항에 따라 통합을 권고받은 지방자치단체의 장, 해당 지방의회 또는 대통령령으로 정하는 일정 수 이상의 주민은 위원회에 통합에 관한 주민투표 실시를 요청할 수 있다.

② 위원회는 제1항에 따른 요청사항을 심의한 후 그 결과를 행정안전부장관에게 통보하여야 한다.

③ 위원회의 심의결과를 통보받은 행정안전부장관은 투표실시구역을 정하여 관계

지방자치단체의 장에게 주민투표의 실시를 요구할 수 있다.

④ 지방자치단체의 장은 제1항에 따라 주민투표의 실시 요구를 받은 때에는 「주민투표법」 제8조제2항 · 제3항 및 제13조제1항제1호에도 불구하고 지체 없이 이를 공표하고 주민투표를 실시하여야 한다.

⑤ 제2항에 따라 주민투표를 실시한 경우에는 「주민투표법」 제8조에 따라 주민투표를 실시한 것으로 본다.

⑥ 「주민투표법」 제21조제2항제1호에도 불구하고 해당 주민투표실시구역에서 주민투표권이 없는 자도 「주민투표법」 제4조제2항에 따라 관할 선거관리위원회가 개최하는 설명회 · 토론회 등에 설명자 · 토론자로 참여할 수 있다.

⑦ 「주민투표법」 제21조제2항에도 불구하고 통 · 리 · 반의 장은 제2항에 따른 주민투표에 있어 투표운동을 할 수 없다.

⑧ 「주민투표법」 제24조제2항에도 불구하고 전체 투표수가 주민투표권자 총수의 3분의 1에 미달되는 경우에도 개표를 실시할 수 있다.

⑨ 제2항에 따른 주민투표에 관하여 이 법에서 규정한 사항을 제외하고는 「주민투표법」을 적용한다.

제15조(지방의회의 통합의결) 제13조제2항에 따라 통합방안을 통보받은 시 · 군 · 구의 지방의회가 통합을 의결한 경우에는 해당 지방자치단체의 행정구역 내에서의 통합 여부에 관한 주민투표를 실시하지 아니할 수 있다.

제16조(통합추진위원회) ① 제14조에 따라 주민투표결과 통합 찬성으로 확정되거나 제15조에 따라 해당 지방자치단체 의회가 통합을 의결할 경우 통합 지방자치단체의 명칭, 청사의 소재지, 지역개발 사업 등 통합에 관한 세부사항을 심의하기 위하여 통합 관계 지방자치단체가 공동으로 통합추진위원회를 설치하여야 한다.

② 위원은 관계 시 · 군 · 구의 장 및 그 지방의회가 추천하는 20명 이내로 하고, 위원은 관계 시 · 군 · 구간에 동수로 구성한다.

③ 위원은 관계 시 · 군 · 구의 장 공동명의로 위촉하고, 위원장은 위원 중에서 호선한다.

④ 통합추진위원회는 통합 지방자치단체의 명칭, 장 및 의회, 기관의 구성방법, 청사소재지, 통폐합 자치단체의 행정적 · 재정적 절차 등 통합에 필요한 제반사무를 관장한다.

⑤ 통합추진위원회는 사무를 처리하기 위하여 사무기구를 둘 수 있다.

⑥ 통합추진위원회의 구성, 운영 및 사무기구 등에 관하여 필요한 사항은 대통령령으로 정한다.

제17조(통합지방자치단체의 명칭 등) ① 제16조에 따른 통합추진위원회는 통합 지방자치단체의 명칭 및 청사 소재지를 심의 · 의결하고 이를 행정안전부장관에게 제출하여야 한다.

② 통합추진위원회가 설치된 날로부터 60일 이내에 명칭 및 청사 소재지를 의결하지 못한 경우 지방행정체제 개편위원회는 이에 관한 권고안을 관계 통합추진위원회에 제시할 수 있다.

③ 제2항에 따라 관계 통합추진위원회가 권고안을 제시받은 날로부터 30일 이내에 명칭 및 청사 소재지를 의결하지 못할 경우 지방행정체제 개편위원회는 대통령령으로 정하는 기준에 따라 이를 조정할 수 있다.

④ 지방행정체제 개편위원회의 권고와 조정의 기준 및 절차 등에 관하여 필요한 사항은 대통령령으로 정한다.

제18조(경계변경을 포함하는 광역화) ① 동일 시 · 군 · 구에 속하는 하나 또는 수개의 읍 · 면 · 동이 교통 · 지리 · 생활문화권 등의 이유로 인접한 다른 지방자치단체의 행정구역에 속하도록 하는 시 · 군 · 구의 경계변경과 시 · 군 · 구간 통합은 하나의 주민투표 안에 포함되어질 수 있다.

② 제1항에 따른 경계변경을 포함하는 2개 이상 시 · 군 · 구의 통합 여부에 관하여 제14조에 따라 실시하는 주민투표는 통합의 당사자인 시 · 군 · 구와 종전의 시 · 군 · 구에서 분리되는 읍 · 면 · 동 등의 지역을 투표구역으로 정하여 실시한다.

제4장 광역행정사무의 처리

제19조(특별지방자치단체) 2개 이상의 시 · 군 · 구 또는 통합자치단체에 걸치는 광역적 사무를 효율적으로 처리하기 위하여 관계 지방자치단체는 관련 법령이 정하는 바에 따라 조합 등 특별지방자치단체를 설치할 수 있다.

제20조(서울특별시 · 광역시 · 도의 사무와 기능조정) 이 법 시행 후 전국적으로 이 법 시행 전의 시 · 군 · 구의 3분의 2 이상이 통합 · 광역화될 경우 국가는 시 · 도가 수행하는 사무와 기능을 조사하고, 그 결과에 따라 시 · 도의 지위와 기능을 재조정할 수 있다.

제5장 통합지방자치단체에 대한 특례

제21조(사무배분의 원칙) ① 지방행정체제 개편에 따라 이루어지는 국가와 지방자

치단체간, 지방자치단체들 간 사무배분은 중복되지 아니하여야 한다.

② 통합 지방자치단체는 시 · 도가 처리하는 자치사무의 전부와 정부의 특별지방행정기관이 처리하는 지방자치적 사무의 전부를 직접 처리한다.

제22조(재원의 지원 및 이양) ① 시 · 도는 통합 지방자치단체가 제21조제2항에 따른 사무를 원활히 처리할 수 있도록 대통령령으로 정하는 바에 따라 통합 지방자치단체의 행정구역 내에서 징수한 도세의 10분의 7 이상을 해당 통합 지방자치단체에 교부하여야 한다.

② 「국가균형발전 특별법」 제32조에도 불구하고 국가는 통합 지방자치단체가 이양받은 사무를 원활히 수행할 수 있도록 「국가균형발전 특별법」 제30조에 따라 설치된 광역 · 지역발전특별회계에 통합 지방자치단체로 이양된 특별지방행정기관의 사무처리를 위한 재원에 관한 계정을 따로 설치한다.

제23조(자치입법권의 확대) 통합 지방자치단체는 법령에 저촉되지 아니하는 범위 내에서 그 권한에 속하는 사무에 관하여 조례를 제정할 수 있다.

제24조(불이익 배제의 원칙) 지방자치단체의 통합으로 인하여 종전의 지방자치단체 또는 특정 지역이 누리던 행정상 또는 재정상의 이익이 상실되거나 그 지역 주민에게 새로운 부담이 추가되어서는 아니 된다.

제25조(공무원에 대한 공정한 처우보장) ① 통합으로 초과되는 공무원 정원에 대하여는 정원 외로 인정하되, 지방자치단체는 이의 해소를 위해 적극 노력하여야 한다.

② 통합 지방자치단체는 통합되는 종전의 시 · 군 · 구의 소속 공무원에 대하여 인사상 동등하게 처우하여야 한다.

제26조(지방의회 및 집행기관 구성의 특례) ① 「지방자치법」의 지방의회와 집행기관에 관한 규정에도 불구하고 관계 법률이 정하는 바에 따라 통합 지방자치단체는 장의 선출과 지방의회 및 집행기관의 구성(이하 "기관구성"이라 한다)을 달리 정할 수 있다.

② 행정안전부장관은 통합 지방자치단체의 기관구성에 관하여 복수의 기관모형을 명시한 자치헌장을 마련하여 공표하여야 한다.

③ 통합추진위원회는 제2항에 따라 공표된 자치헌장에서 정하고 있는 기관모형 중 하나를 선택하여 의회의 동의를 거쳐 해당 지방자치단체의 조례로 정한다.

④ 기관구성의 변경은 조례개정안 의결 당시의 지방의원 및 집행기관에 대하여는 효력이 없다.

제27조(통합 지방자치단체에 대한 특별지원) ① 중앙행정기관의 장 및 시 · 도지사

는 대통령령으로 정하는 바에 따라 보조금의 지급, 재정투융자 등 재정상 특별한 지원을 할 수 있다.

② 중앙행정기관의 장은 「지역균형개발 및 지방중소기업 육성에 관한 법률」에 따른 개발촉진지구 및 「도서개발촉진법」에 따른 지정도서 등 특정 지역의 개발을 위한 지구 · 지역 등의 지정에 있어서 통합 지방자치단체 또는 그 관할구역 안의 일부 지역을 대통령령으로 정하는 바에 따라 우선적으로 지정할 수 있다.

③ 중앙행정기관의 장 및 시 · 도지사는 각종 시책사업 등을 시행하는 경우 통합 지방자치단체를 대통령령으로 정하는 바에 따라 우선적으로 지원할 수 있다.

제28조(예산에 관한 지원 및 특례) ① 국가는 지방자치단체가 통합을 추진하는데 직접적으로 사용되는 비용을 예산의 범위에서 해당 통합 관계 지방자치단체 또는 통합 지방자치단체에 지원할 수 있다.

② 제1항에 따른 지원의 요건, 방법, 기간, 그 밖에 필요한 사항은 대통령령으로 정한다.

③ 통합 지방자치단체의 최초 예산은 종전의 시 · 군 · 구가 각각 편성 · 의결하여 성립한 예산을 회계별 · 예산항목별로 합친 것으로 한다.

제29조(지방교부세 산정에 관한 특례) ① 통합 지방자치단체를 설치하는 경우에 「지방교부세법」에 따라 해당 자치단체에 교부하는 보통교부세는 통합되는 시점에 따라 해당 통합 지방자치단체가 설치된 후 최초로 개시하는 회계연도(해당 지방자치단체가 1월 1일에 설치되는 경우에는 해당 연도를 말한다)부터 5년의 범위에서 통합직전 개별 산정한 같은 법 제7조 및 제8조에 따른 기준재정수요액과 기준재정수입액의 차액이 유지되도록 보정하여 산정한다.

② 제1항에 따른 보통교부세의 산정에 적용할 수 있는 요건, 기간, 산정기준, 그 밖에 필요한 사항은 대통령령으로 정한다.

제30조(시 · 도간 경계를 넘는 광역화) ① 2개 이상의 시 · 도에 속하는 시 · 군 · 구가 통합하는 경우에는 「지방교부세법」 제6조제1항에도 불구하고 통합 지방자치단체에 교부하는 보통교부세는 5년의 범위 에서 「지방교부세법」 제7조 및 제8조에 따른 기준재정수요액과 기준재정수입액의 차액과 그 차액의 100분의 10 이내의 비율을 더한 규모로 산정되도록 기준재정수요액을 보정할 수 있다.

② 제1항에 따른 보통교부세의 산정에 적용할 수 있는 요건, 기간, 산정기준, 그 밖에 필요한 사항은 대통령령으로 정한다.

제31조(지방의회의 부의장 정수에 관한 특례) ① 통합 지방자치단체가 설치된 후 최초로 실시하는 임기만료에 의한 선거에 의하여 새로운 의회가 구성될 때까지 「지

방자치법」 제48조제1항에도 불구하고 해당 지방의회에 의장 1명과 통합되는 시·군·구의 수만큼의 부의장을 무기명투표로 선거하여야 한다. 이 경우 부의장은 종전의 시·군·구의회의원 중에서 종전의 시·군·구별로 각 1명을 선출하여야 한다.

② 제1항에 따라 선출된 의장 및 부의장의 임기는 종전의 시·군 또는 자치구의회 의장 및 부의장의 남은 임기로 한다.

제32조(시·도의회 의원의 겸임) ①「공직선거법」 제20조에도 불구하고 통합 지방자치단체가 설치된 이후 해당 통합 지방자치단체의 관할 구역 내의 지역구 시·도의원 선거는 실시하지 아니한다.

② 제1항에 따라 지역구 시·도의원 선거를 실시하지 아니한 경우에는 통합 지방자치단체의 의회에서 무기명투표로 선출하는 지방의회 의원 2명이 시·도 의원을 겸직한다.

③ 제2항에 따른 겸직의 요건, 절차 등에 관하여 필요한 사항은 대통령령으로 정한다.

제33조(교육자치) ①「지방교육자치에 관한 법률」 제4조 및 제20조에도 불구하고 교육·학예에 관한 다음 각 호의 사무는 통합 지방자치단체의 장이 관장한다.

1. 조례안의 작성 및 제출에 관한 사항
2. 예산안의 편성 및 제출에 관한 사항
3. 결산서의 작성 및 제출에 관한 사항
4. 교육규칙의 제정에 관한 사항
5. 학교, 그 밖의 교육기관의 설치·이전 및 폐지에 관한 사항
6. 교육과정의 운영에 관한 사항
7. 과학·기술교육의 진흥에 관한 사항
8. 평생교육, 그 밖의 교육·학예진흥에 관한 사항
9. 학교체육·보건 및 학교환경정화에 관한 사항
10. 학생통학구역에 관한 사항
11. 교육·학예의 시설·설비 및 교구(校具)에 관한 사항
12. 재산의 취득·처분에 관한 사항
13. 특별부과금·사용료·수수료·분담금 및 가입금에 관한 사항
14. 기채(起債)·차입금 또는 예산 외의 의무부담에 관한 사항
15. 기금의 설치·운용에 관한 사항
16. 소속 국가공무원 및 지방공무원의 인사관리에 관한 사항
17. 그 밖에 해당 시·도의 교육·학예에 관한 사항과 위임된 사항

② 제1항에 따른 통합 지방자치단체의 장의 교육자치에 관한 사무처리를 보조하기 위하여 「지방자치법」 제110조에도 불구하고 관계 법령이 정하는 바에 따라 통합 지방자치단체의 장 아래에 교육담당 부시장, 부구청장 또는 부현감을 둔다.

③ 제2항에 따른 교육자치사무를 보조하는 부시장, 부구청장 또는 부현감은 통합 지방자치단체의 의회의 동의를 거쳐 해당 지방자치단체의 장이 임명한다.

④ 제3항에 따른 교육자치사무를 보조하는 부시장, 부구청장 또는 부현감의 자격, 임용절차, 직무 등에 관하여 필요한 사항은 법률로 따로 정한다.

⑤ 교육자치에 소요되는 재원마련 등 통합 지방자치단체의 교육자치에 관하여 필요한 사항은 법률로 따로 정한다.

第34條(교육위원회) 「지방교육자치에 관한 법률」 제11조에도 불구하고 통합 지방자치단체의 의회에 설치하는 교육위원회는 해당 통합 지방자치단체의 교육 · 학예에 관한 다음 각 호의 사항을 심사 · 의결한다.

1. 조례안
2. 예산안 및 결산
3. 특별부과금 · 사용료 · 수수료 · 분담금 및 가입금의 부과와 징수에 관한 사항
4. 기채안(起債案)
5. 기금의 설치 · 운용에 관한 사항
6. 대통령령으로 정하는 중요재산의 취득 · 처분에 관한 사항
7. 대통령령으로 정하는 공공시설의 설치 · 관리 및 처분에 관한 사항
8. 법령과 조례에 규정된 것을 제외한 예산 외의 의무부담이나 권리의 포기에 관한 사항
9. 청원의 수리와 처리
10. 외국 지방자치단체와의 교류 · 협력에 관한 사항
11. 그 밖에 법령과 시 · 도 조례에 따라 그 권한에 속하는 사항

第35條(자치경찰기구의 설치) ① 통합 지방자치단체에 자치경찰대를 둔다.

② 자치경찰대의 조직 및 자치경찰공무원의 정원 등에 관한 사항은 조례로 정한다.

第36條(자치경찰대장의 임명) ① 자치경찰대장은 통합 지방자치단체의 장이 그 지방의회의 동의를 거쳐 임명한다. 다만, 통합 지방자치단체의 장은 필요하다고 인정하는 경우에는 이를 개방형직위로 지정하여 운영할 수 있다.

② 개방형직위로 지정 · 운영되는 자치경찰대장의 자격요건, 임용절차, 임용기간 등에 관하여는 관계 법령이 정하는 바에 따른다.

第37條(사무) ① 자치경찰은 다음 각 호의 사무를 처리한다.

1. 주민의 생활안전활동에 관한 사무
가. 생활안전을 위한 순찰 및 시설 운영
나. 주민참여 방범활동의 지원 및 지도
다. 안전사고 및 재해재난 등으로부터의 주민보호
라. 아동 · 청소년 · 노인 · 여성 등 사회적 보호가 필요한 자에 대한 보호 및 가정 · 학교 폭력 등의 예방
마. 주민의 일상생활과 관련된 사회질서의 유지 및 그 위반행위의 지도 · 단속
2. 지역교통활동에 관한 사무
가. 교통안전 및 교통소통에 관한 사무
나. 교통법규위반 지도 · 단속
다. 주민참여 지역교통활동의 지원 및 지도
3. 공공시설 및 지역행사장 등의 지역경비에 관한 사무
4. 「사법경찰관리의 직무를 행할 자와 그 직무범위에 관한 법률」에서 자치경찰공무원의 직무로 규정하고 있는 사법경찰관리의 직무

② 자치경찰대의 조직 및 자치경찰공무원의 정원 등 기타 운영에 관한 사항은 조례로 정한다.

제38조(사무배분의 원칙) 국가경찰과 자치경찰과의 사무배분은 지방행정체제개편위원회의 심의 결과에 따라 대통령령으로 정한다.

제39조(사무의 특례) ① 「소방기본법」 제3조에도 불구하고 통합 지방자치단체의 행정구역의 전부 또는 일부를 관할하는 소방서장은 그 소재지를 관할하는 통합 지방자치단체장의 지휘와 감독을 받는다.

② 「지방공기업법」 제19조제2항에도 불구하고 통합지방자치단체의 장은 그 지방의회의 승인을 받아 지역개발채권을 발행할 수 있다.

제40조(특별지방행정기관의 사무 이양) ① 특별지방행정기관 중 다음 각 호의 기관이 수행하는 사무는 지방행정체제 개편위원회의 심의를 거쳐 지방자치단체가 수행하는 것이 효율적인 지방자치적 사무는 통합 지방자치단체에, 국가사무는 시 · 도에 이양한다.

1. 지방중소기업청
2. 지방국토관리청
3. 지방노동청
4. 지방해양항만청
5. 지방환경청

6. 지방식품의약품안전청
7. 지방보훈청
8. 지방산림청
9. 지방병무청
10. 지방통계청 및 지방통계사무소

② 제1항 각 호에 명시된 특별지방행정기관을 관장하는 중앙행정기관의 장은 이 법 시행일부터 1년 이내에 사무이양계획을 지방행정체제개편 위원회에 제출하여야 한다.

제41조(「여객자동차 운수사업법」에 관한 특례) ① 통합 지방자치단체를 설치하는 경우에는 「여객자동차 운수사업법」 제8조에 따라 해당 통합 지방자치단체의 여객자동차운송사업에 대하여 적용할 운임 및 요금에 대한 기준 및 요율은 기존의 기준 및 요율에 의하되, 통합 지방자치단체가 설치된 날부터 1년 이내에 이를 조정하여야 한다.

② 제1항에도 불구하고 통합 지방자치단체의 택시운송사업에 있어서 통합 전의 지방자치단체 간에 적용되던 시계 외 할증요금은 통합 지방자치단체가 설치된 날부터 이를 폐지한다.

③ 통합 지방자치단체 설치 이전에 종전의 군지역에서 「여객자동차 운수사업법」 제4조에 따라 면허를 받거나 등록을 한 자동차운송사업자에 대하여 적용할 같은 법 제5조에 따른 면허 또는 등록의 기준은 통합 지방자치단체의 설치에도 불구하고 군지역에 적용되는 기준에 따른다.

④ 통합 지방자치단체가 설치되기 전에 「여객자동차 운수사업법」 제4조에 따라 여객자동차운송사업의 면허를 받거나 등록을 한 자가 통합 지방자치단체 설치로 인하여 여객자동차운송사업의 세부업종을 변경하여야 하는 경우에는 같은 법 제10조제1항 및 제2항에도 불구하고 통합 지방자치단체가 설치된 날에 그 업종이 변경된 것으로 본다. 이 경우 관할 관청은 통합 지방자치단체가 설치된 날부터 1개월 이내에 해당 자동차운송사업자에게 새로운 면허증을 발급하여야 한다.

제6장 읍 · 면 · 동 자치회

제42조(자치회의 설치와 지위) ① 풀뿌리자치의 활성화와 민주적 참여의식의 고양을 위하여 읍 · 면 · 동을 단위로 자치회를 둔다.

② 자치회를 설치하는 읍 · 면 · 동의 단위는 관계 법령이 정하는 바에 따라 통합

지방자치단체의 조례로 정한다.

③ 자치회는 법인으로 한다.

④ 자치회는 조례와 규칙이 정하는 범위 내에서 제43조에서 정하고 있는 자치회의 사무에 관한 규약(이하에서 "자치규약"이라 한다)을 제정할 수 있다.

⑤ 통합 지방자치단체는 자치회의 사무, 기관구성, 회의운영, 예산회계 등의 전반적인 사항을 포함하는 자치회 운영 표준규약을 제시할 수 있다.

⑥ 자치회는 통합 지방자치단체가 제시하는 자치회 운영 표준규약안을 참고하여 소관 사무 전반에 대한 규약을 제정한다.

제43조(자치회의 사무) 자치회는 다음 각 호의 업무를 심의 · 의결한다.

1. 법령이나 통합 지방자치단체의 조례와 규칙에 저촉되지 아니하는 범위 내에서의 자치규약 제정
2. 조례가 정하는 일정규모 이하 공공시설의 관리 및 운영에 관한 사항
3. 주민자치센터의 운영에 관한 사항
4. 축제 등 읍 · 면 · 동의 단합과 발전을 위한 사항
5. 주민 공동부담을 요하는 사항
6. 지역단위의 공동수입사업 및 자발적 모금활동 등을 통한 필요 경비의 조달에 관한 사항
7. 기타 통합 지방자치단체에서 위탁하는 사무의 처리에 관한 사항
8. 기타 관계 법령, 조례 및 규칙으로 위임한 사항

제44조(자치위원) ① 자치위원은 해당 읍 · 면 · 동의 통 · 리장이 겸임한다.

② 자치위원의 정수는 자치규약으로 정하되, 35명 이내로 한다.

③ 통 · 리장은 해당 읍 · 면 · 동의 통 · 리 단위로 선출하되, 자격과 선임방법은 조례가 정한 범위 내에서 자치규약으로 정한다.

④ 자치위원은 무보수 명예직으로 한다. 다만, 자치회의 의결이나 위원장의 명에 따라 공무로 여행할 때에는 자치규약이 정하는 바에 따라 필요한 여비를 지급할 수 있다.

제45조(자치회의 운영) ① 자치회는 월 1회 정례적으로 소집하며, 위원장이 필요하다고 인정하거나 위원 3분의 1 이상의 요구가 있을 경우 회의를 소집하여야 한다.

② 통합 지방자치단체의 장은 자치회의 효율적 운영을 위하여 필요한 경우 일정기간 공무원을 파견하여 자치회 운영을 지원할 수 있다.

③ 기타 자치회의 소집과 운영에 관하여는 조례가 정한 범위 내에서 자치규약으로 정한다.

제46조(자치위원의 의무 등) ① 자치위원은 공공의 이익을 우선하여 양심에 따라 그 직무를 성실히 수행하여야 한다.

② 자치위원은 자치회와의 계약이나 그 처분에 의하여 재산상의 권리 · 이익 또는 직위를 취득하거나 타인을 위하여 그 취득을 알선하여서는 아니 된다.

③ 자치위원이 위원으로서의 의무와 품위를 지키지 아니하거나 법규를 위반할 경우 징계할 수 있다. 자치위원의 징계에 관한 사항은 조례가 정한 바에 따라 자치규약으로 정한다.

제47조(자치위원장과 기관구성) ① 자치회에 위원장 1명, 부위원장 1명, 총무 · 건설 · 복지 · 문화체육 · 감사담당 위원을 각 1명씩 두되, 위원장은 자치회의 위원(이하에서 "자치위원"이라 한다) 중에서 호선하고, 부위원장과 총무 · 건설 · 복지 · 문화체육 · 감사담당 위원은 위원장이 자치위원 중에서 지명한다.

② 위원장과 부위원장, 총무 · 건설 · 복지 · 문화체육 · 감사담당 위원의 임기는 1년으로 하되, 연임할 수 있다.

③ 위원장은 해당 읍 · 면 · 동을 대표하고, 자치회의 사무를 총괄 지휘 · 처리한다.

④ 위원장은 해당 읍 · 면 · 동의 사무를 처리하기 위하여 예산이 허용하는 범위 내에서 사무직원을 둘 수 있다.

⑤ 부위원장과 총무 · 건설 · 복지 · 문화체육 · 감사담당 위원의 권한과 사무, 사무직원의 임용과 보수 · 복무 · 신분 · 징계에 관한 사항은 조례가 정한 범위 내에서 자치규약으로 정한다.

제48조(자치회의 재정) ① 자치회의 재정은 자체 수입과 통합 지방자치단체가 보조 또는 지원하는 경비로 충당한다.

② 통합 지방자치단체은 제42조에 따라 자치회가 설립될 당시의 주민센터 및 그 부속토지에 관한 관리권을 관계법령이 정하는 바에 따라 해당 자치회에 위탁하여야 한다.

③ 통합 지방자치단체는 자치회가 관리를 위탁받은 자산 및 공공시설의 관리 등에 소요되는 경비의 일체 또는 일부를 보조하고, 자치회 운영에 필요한 경비의 일부를 지원할 수 있다.

④ 자치회는 그 수익과 지출내역을 매월 정기적으로 공표하여야 한다.

⑤ 자치회의 수입과 지출내역, 회계처리 및 감사와 그 결과의 공표에 대하여는 조례가 정한 범위 내에서 자치규약으로 정한다.

제49조(자치회의 파산 등) ① 자치회가 다음 각 호의 어느 하나에 해당될 경우 관계 통합 지방자치단체의 장은 관계 법령이 정하는 바에 따라 해당 자치회의 활동을

정지시키거나 해산을 명할 수 있다.

1. 자치회의 부채가 자산을 일정 기준이상 초과하는 경우
2. 자치회의 회계운영에 심각한 부정이 발견된 경우
3. 자치회가 국가 또는 지방자치단체 소유의 재산에 현저한 손실을 야기한 경우
4. 자치회가 기관구성을 상당 기간 못하는 등 정상적인 기능을 할 수 없을 경우 등

② 제1항에 따라 통합 지방자치단체의 장이 자치회의 해산 또는 활동 정지를 명한 경우 통합 지방자치단체의 장은 자치회가 정상적인 기능을 회복할 때까지 제42조제1항에 따른 해당 읍 · 면 · 동 등의 사무를 처리하는 자(이하에서 "관리이사"라 한다)를 임명 · 파견할 수 있다.

③ 제1항에 따른 요건과 제2항에 따른 관리이사의 자격, 임명절차, 임기, 사무권한 등에 관하여 필요한 사항은 대통령령으로 정한다.

제50조(자치회의 의견수렴) ① 통합 지방자치단체의 장은 자치행정에 대한 의견을 수렴하기 위하여 자치회의 위원장으로 구성된 자치회행정자문위원회를 둔다.

② 자치회행정자문위원회의 설치, 구성, 사무 등에 관하여 필요한 사항은 통합 지방자치단체의 조례로 정한다.

제51조(사무직원) ① 자치회에는 사무를 처리하기 위하여 자치회의 규약이 정하는 바에 따라 예산의 범위 내에서 사무직원을 둘 수 있다.

② 사무직원은 자치회 위원장의 명을 받아 자치회의 사무를 처리한다.

③ 사무직원의 임용 · 보수 · 복무 · 신분보장 · 징계 등에 관하여는 자치 규약으로 정한다.

제52조(공무원 복귀) 제42조에 따라 자치회가 설치되는 경우 읍 · 면 · 동의 주민센터에 배치된 공무원 또는 지방자치단체가 급여의 전부 또는 일부를 지급하는 보조인력은 소속 지방자치단체로 복귀한다.

부칙

제1조(시행일) 이 법은 공포한 날부터 시행한다.

제2조(다른 법률의 폐지) 都農複合形態의市設置에따른行政特例등에관한法律은 이를 폐지한다.

[저자약력]

》 **이승종**

서울대학교 사회교육과 졸업
서울대학교 행정대학원(행정학 석사)
Northwestern University(정치학 박사)
행정고시 22회
한국지방행정연구원 지방행정연구실장
현재, 서울대학교 행정대학원 교수
논저: 지방자치론(2003), 민주정치와 시민참여(1993)

》 **서재호**

전북대학교 공법학과 졸업
서울대학교 행정대학원(행정학 석사)
서울대학교 행정대학원(행정학 박사)
한국행정연구원 혁신조직센터 부연구위원
현재, 부경대학교 행정학과 교수
논저: 국가종합위기관리(2009, 공저), 새로운 시대의 공공성 연구(2008, 공저)

지방행정체제개편론

2009년 12월 10일 초판 인쇄
2009년 12월 15일 초판 1쇄 발행

저 자 이 승 종 · 서 재 호
발행인 배 효 선
발행처 도서출판 法 文 社

413-756 경기도 파주시 교하읍 문발리 526-3
등 록 1957. 12. 12 / 제2-76호 (윤)
TEL 031) 955-6500~6 FAX 031) 955-6525
e-mail (영업): bms@bobmunsa.co.kr
(편집): edit66@bobmunsa.co.kr
홈페이지 http://www.bobmunsa.co.kr

조 판 법 문 사 전 산 실

정가 15,000원 ISBN 978-89-18-02330-4